OLIVEIROS NUNES

Da Luz ao Amor

Este é o caminho

Conversas com o Pensamento

Da Luz ao Amor

Este é o caminho

Conversas com o Pensamento

OLIVEIROS NUNES

Arapiraca-AL
2022

Da Luz ao Amor – Este é o caminho
Conversas com o Pensamento
de ***Oliveiros Nunes***

Editor
Eldes Saullo

Projeto Gráfico e Editorial
Casa do Escritor

Dados Internacionais de Catalogação na Publicação (CIP)
(Câmara Brasileira do Livro, SP, Brasil)

Nunes, Oliveiros
Da luz ao amor : este é o caminho : conversas com o pensamento / Oliveiros Nunes. -- Arapiraca, AL : Ed. do Autor, 2022.

ISBN 978-65-00-45685-1

1. Crônicas brasileiras I. Titulo.

22-111931 CDD-B869.8

Índices para catálogo sistemático:

1. Crônicas : Literatura brasileira B869.8

Eliete Marques da Silva - Bibliotecária - CRB-8/9380

Agradecimentos

Pelas vias da Consciência da Gratidão é impossível deixar de reverenciar aqueles que estão comigo, não simplesmente pelo fato de estarmos agrupados onde estamos, mas pelas afinidades ao criarmos um ambiente respirável por todos, com sentimentos e emoções interagindo com a realidade que faz das diferenças um motivo determinante para agirmos em prol do estabelecimento da harmonia e da paz. E assim nos transformamos em seres humanos.

Nisso sou privilegiado de ter liderado esse processo de criação com Regina-Celi ao meu lado que aceitou desde os tempos de namoro, nos idos de 1972, e mantém-se firme nessa construção maravilhosa nos dias de hoje. Vieram os filhos sob a luz de princípios fraternais que atraímos para o nosso meio. Alden e Sarah duas joias preciosas. E depois Nora e Genro, não menos preciosos. Serei sempre grato por tê-los comigo. Aos netos que agitam e motivam o meu dia a dia, meus leitores no amanhã.

Aos Mestres e Irmãos de Loja por nossos encontros de inspiração, paz e proteção, de todos os dias, às dezoito horas, mergulhados no silêncio da comunhão no seio da Consciência Infinita, a Mãe de todos os seres, a minha eterna gratidão!

Aos irmãos e irmãs, filhos de Luzinete que me acompanham com especial atenção e respeito sou grato e por termos nascido da mesma mãe.

Ao Gilberto Tadeu, obrigado pelas fotografias, trabalho que executa com perfeição e por sua preciosa atenção.

À Joseane Ferreira da Costa, revisora e escritora, pela atenciosa revisão desse livro, o meu sincero agradecimento.

Ao Eldes Saullo, criador da Casa do Escritor, responsável pela edição desse livro, por seu empenho em fazer o melhor para nos sentirmos mais confortáveis, obrigado!

Sumário

"Nos desafios constantes do nosso quase eterno Presente Contínuo, palavras que iluminam o nosso caminhar, dando-nos a ótima sensação de que somos amados, são valiosos tesouros para continuarmos acreditando que não estamos sós em nossa Jornada. "Da Luz ao Amor" é um bálsamo para a nossa Alma cansada, um abraço afetuoso que nos faz sentir a Divindade sorrindo em nós! Semper Fidelis"!

Mestre Carlos

Prefácio

Senti-me profundamente tocada ao ler o livro Da Luz ao Amor, pois de um modo bastante sensível, criativo, vivo e profundo, Oliveiros Nunes trouxe diálogos oportunos, necessários e reflexivos em suas conversas com o pensamento. Oportunos porque na beleza de sua escrita, há a magia de uma leveza que nós precisamos para encarar o cotidiano, necessários porque para alguns a vida parece ser mole, para outros, dura. E reflexivos, pois a magia da palavra literária tem esse poder de nos fazer refletir em coisas que de outro modo não seria tão eficaz.

Nesse sentido, na leitura da obra Da Luz ao Amor eu me emocionei várias vezes ao deixar minha consciência compreender o que o pensamento estava jogando para fora acerca do amor, do divino, do julgamento, da rotina, da gratidão, do outro, o qual faz parte de nós, de nossa essência humana, pois o outro pode ser o nosso reflexo num espelho meio embaçado por causa da nossa insensatez, rigidez e dureza.

Assim, nas experiências de um eu lírico que sabe contar suas percepções sobre a vida, relatar suas observações sobre sentimentos, pensamentos e mentalidades, pude repensar o modo pelo qual eu enxerguei a minha rotina de observações e absorção das coisas que os "outros" fazem. O que restou? Mais sensibilidade ao olhar a vida e mais empatia ao contemplar o outro, parte de mim.

Joseane Ferreira da Costa

Apresentação

Nesse Pensar

"Da Luz ao Amor" parece haver uma passagem entremeada de acessos e recessos em que todos os seres se revelam ansiosos para fazerem. Esse pensamento parece-me mais apropriado para uma entrada explicativa de como descobrimos essa relação.

Esse livro, cujo título é evidenciado no parágrafo acima, surge em meio às inquietações da Covid-19. No silêncio das madrugadas, em que o ser ainda conversa com o Ser, vários colóquios chegam e passo para a consciência da realidade. Na jornada de mais um dia vou registrando em minha agenda pensamentos que julgo valiosos, para depois revesti-los de uma linguagem mais apropriada observando o seu aprofundamento, quando necessário, ou simplesmente como foi revelado desde o primeiro momento.

Foram tantas conversas, tantas idas e vindas que pensei em desistir, mas ele nasce por essa busca e pelo propósito de elevado valor para os que encontram na palavra um dito que lhes traga um bem e reflitam sobre o que é mais importante para transformar suas vidas.

Nada anormal, além da conta ou de uma conta não contada. Pensamentos são pensamentos, fale sobre eles. Comente-os. Apresente-os como em uma conversa de cada dia.

E assim foi acontecendo. A luz se fez e o caminho foi mostrado.

O amor não me abandonou. Estamos aqui e em outros lugares, onde pessoas amem na mesma essência. Nascidos da Consciência Única para viverem uma experiência humana, homens e mulheres, conforme brotou do verbo, do poder Criador tão onipresente quanto a luz que ilumina cada dia, desde a origem.

Então, duas leituras são essenciais desse colóquio com o pensamento. Elas nascem carregadas de inspiração e dos diálogos que motivam. Talvez o leitor escolha ir além para encontrar a ação inspirada no seu fazer diário. E assim segue do meu mundo para o seu: "Da Luz ao Amor", "Conversas com o pensamento".

Obrigado por sua preciosa atenção! Ajude-me a divulgar essa obra, ela pode transformar vidas.

Oliveiros Nunes

Autor da trilogia Mentes Conectadas

O Pensamento

Primeiro de janeiro do ano dois mil e vinte foi uma aventura na minha busca interna por venturas. Admirei-me ao encontrar um pensamento correndo ligeiro demais, depois das comemorações que já se distanciavam na consciência dos que queriam mais.

Um sussurro, naquela noite, pôs a água para ferver, era a água do pensamento primeiro desde a criação do espírito de Deus que repousava. E um outro existente numa terra ainda desconhecida dizia: "o que eu sou tem importância para o todo da vida". Parecia uma frase meio perdida nos ecos ainda indefinidos do ano recém-nascido. O inesperado, porém, veio ao encontro do outro com uma pergunta incisiva:

"E você, onde se encontra no Eu Sou?" - Foi só pergunta, embora a resposta parecesse navegar em outras esferas:

Não importa a dimensão em que atuo, a arte, o pensamento, e o amor vão estar presentes. - Notadamente havia uma questão de busca que o ano podia revelar. Era o tesouro e ele dizia:

"Todo dia é preciso escavar mais. O tesouro está onde o inesperado surpreende". Ora, não se sabia por que o diálogo consistia nesse parecer para não aparecer e voltava ao ponto anterior do pensamento:

A arte é um jeito agradável de fazer coisas, pois sem isso ela se vira contra si mesma. E se não é agradável aos olhos dos que não enxergam, a arte parece morrer ou adormecer até que alguém acorde e a reconheça.

O pensamento voltou-se para si mesmo e pensou ser o ato de criar ideias; mecanismo cerebral capaz de processar informações; usa registros da memória desde a mais remota antiguidade. E esse mecanismo é também ativado pelas intuições.

Oh! Primeiro de janeiro pensante! Pensar é fluxo contínuo, pensar o que pensa, é simples.

E por fim, não tinha mais ele mesmo, tão confuso se encontrava que queria parar, então esbarrou na frase: o melhor é pensar sobre o próprio pensamento e torná-lo positivo para construir um mundo melhor.

Então, o primeiro dia do ano de dois mil e vinte conclui assim, pensativo no todo que é, desejoso de muita ação positiva na construção de um mundo de batalhas ardentes, de puro amor, com o afeto presente no olhar e no coração de todos capazes de assumir o Eu Sou o que Sou.

Renascer

Sou, nesta quinta-feira, do dia dois, do ano dois mil e vinte, um renascido para ampliar a compreensão do viver com a alegria de quem quer construir um mundo melhor.

Renasço todos os dias para que o sonho se realize. Não era um simples pensamento, era supimpa como as pipas ao se erguerem arrastadas pelo vento em busca da energia que diverte no entreter, no tempo de quem tem tempo.

Renascer é uma palavra referente à volta para uma condição já existente. Para renascer, é preciso morrer. Morre-se, então, todos os dias. E a história se repete como a noite que chega com sua escuridão propositada. E felizes os que morrem porque podem renascer com o astro mais cobiçado da terra, o Sol.

O pensamento, entretanto, continua renitente e quer falar também de amor. E são tantas as formas, mas há uma que ganha a minha preferência nesse estado de ser do meu "presente contínuo".

O amor é um desejo de que o relacionamento seja harmonioso, de que todos possam ficar bem e em paz. Para que esse amor exista é preciso transformá-lo em sentimento. E no íntimo da carne há um contínuo insistir em que o amor precisa da sensação que está em nós e por nós necessária, para transformar o substantivo amor, em verbo AMAR.

Vejo sensações agradáveis de alegria e de bem-estar invadindo o meu estado de consciência presente.

O desejo de chegar perto do outro, mais próximo, e fazer carinho, abraçar e beijar. Desejar o bem e fazer o bem.

Sou, em dois de janeiro desse ano, o que preciso para pensar o que outros necessitam para o verbo amar dizer o caminho por onde começamos, de que é feito o sonho de todo dia.

Há uma ideia instigando o meu espírito para falar a respeito de gatilhos do amor. Um disparo de afeto pode alcançar o infinito do coração daquele que não amava.

E, por fim, o sonho do personagem, dormir bem, navegar pelo oceano da Consciência e encontrar outros ativos, enquanto os corpos repousam e se regeneram e são preparados para o retorno daquele que vem pronto para animar o mundo criado e melhorá-lo.

A arte de gerar amor.

Nesta sexta-feira, dia três do ano dois mil e vinte, havia um intenso movimento. Era para dentro e depois de minutos coaxando como se estivesse em uma lagoa, às suas margens, na beira do entardecer, contemplando a superfície das águas e do pensamento insistente que voltava com um presente, a primeira arte de gerar amor. Como na arte há tantos jeitos de entendê-la, isso permite que esse movimento continue.

Apareceu, então, o olhar do sapo ou da rã na comiserada forma de viajar para o interior. E eu fui. Primeira arte, fiquemos atentos ao olhar interior. Para esse olhar, não vale bifurcações ou atalhos. Essa arte é de amar. Se o amor se meter a besta, tire-o da frente e simplesmente ame. Ao fazer isso, preste atenção ao foco, no que você decidiu interagir. Cultivar é cuidar ao quadrado, se o que você percebe que tem valor e merece, você escolheu, então, cultive.

Escreva o melhor do que você escolheu ver com profundidade. Registre o que é importante. A ação é resultado de sua interação que afeta ou influencia o desenvolvimento ou a condição do outro que o seu olhar envolve. Para o efeito ser preciso, é necessário que o motivo traga um sentimento de entusiasmo contínuo.

Esse olhar para dentro, não pode alimentar-se das zonas de medo, a sua motivação não é menos, nem mais do que prosperidade. Atraia abundância porque você ama. Seja um apaixonado, leve a vida como amante, sempre vá para a sua realização como se fosse para o primeiro encontro com a sua amada.

A arte, ah! A arte que mexe comigo nesse agitado mundo do amor! Essa segunda arte agrada! É o agrado do amor. É o prazer. Nesse caso é bom tomar cuidados, pois agradar por agradar pode desagradar no futuro. Essa segunda arte, termina com uma pitada de sinceridade. Seja sincero com sabedoria.

O outro é parte de você, contenha o seu julgamento! Essa é a terceira arte, sem muita conversa. Se você julga, pense em você sendo julgado por aquilo que nunca imaginou, seja justo.

Seja ativo. Pense no que você projeta para o outro. A sua projeção atingirá memórias semelhantes que serão excitadas a dar uma resposta que pode ser agradável ou desagradável, depende do que você quer fazer com o outro ou com o que você quer que ele faça a você.

A quarta arte é um estado de percepção do amor pelo que você faz. Perceber é um estado de consciência diferenciado que busca ir além do comum e olha para si mesmo e consegue fazer relações. Amar é assim, uma arte exatamente por isso. A autoconsciência busca ampliar, dia a dia, a sua compreensão dessa arte maravilhosa. Disso resulta que amar o que se faz é um estado de gratidão pelos presentes recebidos como resultado.

Esses pensamentos, nascidos nesse dia, três de janeiro do ano dois mil e vinte, nos fazem lembrar que somos o centro e o poder que atrai o que é bom ou o que não o é. Façamos, então, boas escolhas.

Como quinta e última arte, o pensamento quer levar o amor para a sua rede tão específica achando que é o seu dono, mas o amor não tem rede, nem donos, ele está em todas as redes. Essa é a arte do respeito pelo outro, porque o amor não tem proprietário, ele está para todos.

E por fim, o amor não repousa. Na sua ação está o próprio repouso.

Esses pensamentos parecem controversos no sentido de que o amor não precisa ser gerado, mas, como ego humano, estamos sujeitos à percepção do que seja o amor, ou melhor, até onde é possível percebê-lo e até onde ele é prático e tem alguma utilidade em nossas vidas, esse é um exercício de visão interior. Tenho certeza de que vocês vão apreciar e comentar ou dizer o que compreenderam a respeito.

Construa o seu templo no seu tempo

Era um tempo descabido, o sentido parecia um cabide de pendurar roupa suada para refrescar-se.

Neste sábado estranho do dia quatro do ano dois mil e vinte, no presente sem fim, com passado e futuro, o proponente leitor é quem escolhe onde quer estar e com quem. Agora, lembre-se, flor é flor, não importa o jardim!

Vejo pessoas a se expressarem para melhor ou para o pior; pedras ou flores. E isso se carrega por cada dia, momento, hora, minuto ou segundo.

Disseram, de forma tão insistente, que estremeci desde a base: construa o seu edifício com o sabor de vida bem vivida. Fiquei pensando e quem não tem vida bem vivida? Terá pelo menos um fio de esperança na subida da escada? Os que só olham para baixo e reclamam até do vento, esquecem o "vento" que soltam nas horas que menos deviam, mas se regalam de alívio.

Para todos, sem distinção de qualquer classe ou raça ou outras definições que queiram dar, conforme o gosto ou intenção, carregue para o alicerce do seu edifício as pedras do desagrado que você guarda. Olhe-as e agradeça pelo aprendizado que lhe proporcionou. Se isso for feito, pelo menos a vida te fará olhar para o alto e sussurrará de forma menos informe: o fim é um novo começar.

Depois na grandeza do tempo e na elegância dos cabides e das roupas e dos chapéus e dos bens não revelados, está a vontade de impor ao tempo e revelar que mazelas são criadas, os destinos são humanos.

A dinâmica com que realizamos o que sonhamos depende de que o sonho esteja diretamente conectado ao propósito de cada um.

Há outro ponto crucial para essa reflexão: o Templo. O que é o templo que devemos construir? Apenas para a sua reflexão, quem sabe sirva para uma tomada de decisão. Propósito, se for sagrado gera motivação nos momentos mais doloridos da vida. Superar é objetivo. Pelo propósito vale qualquer sacrifício. E a definição do templo, para onde você entra nos momentos de sua meditação mais importante? De sua comunhão com o que é de mais precioso na vida? É bom ter um templo com a energia de sua alma.

Irradio luz, calor e vida

Hoje é domingo, um dia de sol, o primeiro dia da semana, no dia cinco de janeiro do ano dois mil e vinte.

Olho para o espaço vazio do quarto e ouço o sussurrar da beleza que a poesia inspira. Irradio luz, calor e vida. A luz que se espalha por todas as terras. Hoje é dia de sol. Os primeiros fótons da luz solar entram pela janela para quebrar o escuro da noite que morreu.

A busca não cessa, o sol não repousa, o buscador entra para o seu mundo à procura da chave para o conhecimento que lhe permita amar, que ilumine a sua mente e ele seja capaz de ver um motivo para criar o melhor.

A chave não é um instrumento ou a escolha que promove a aproximação. Para abrir a porta, julgue menos, viva com gratidão. Não sei se ela abre todas as portas, mas inspira-nos a tentar e tentar. E abrir a porta certa é aquela que traz a experiência que precisamos para compreender o incompreendido mundo humano.

Cuidado com aquilo que parece claro demais. A luz é o conhecimento que se torna prático, auxilia na solução de problemas, indica caminhos que podem libertar ou aprisionar. Se a sua clareza mental não é motivo para agir na direção do bem-estar do outro, ficar mais próximo, então volte-se para si mesmo, olhe para os seus sentimentos, aventure-se na jornada do herói interior e no que ele pode fazer melhor para tornar o seu mundo mais bonito onde o calor humano é o amor em ação para existir vida. Assuma!

Com o calor humano nesse dia de domingo, como o amor radiante, é possível tocar o ilimitado, pois a comunicação e as diferentes posições sociais e ideológicas nos permitem ir além da vida que já nos é inerente. Amplie até que o céu não seja mais o limite.

Hoje é domingo, é dia de sol. Aproveite, mas não só, mesmo estando só, não esteja só. Use a sua imaginação, vá para onde o seu coração pede. Ame! Você sempre pode ser melhor!

Rotina

O que faço todo dia importa para a manutenção da vida viva de todo o dia. Não é deixar de fazer, é fazer melhor, é alterar maneiras, é encontrar outras formas. Esses pensamentos insistem, são presentes como a luz que chega sem fazer sombras.

A ausência do novo faz o ontem manter-se como uma ideia. Pensar no que se repete, mas que pode ser alterado para melhor.

Se na sua rotina algo te incomoda, pergunte, por que incomoda? Enfrente, busque soluções, não deixe por conta do destino, ele é instável e obedece a uma lei: causa e efeito, cujo responsável por ela é a pessoa. Assim dá para mudar. O destino é volúvel. É possível mudar!

Decida. Identifique a origem da prática que incomoda, o que a motivou e o que a motiva na atualidade. Substitua por outra prática mais positiva que lhe traga satisfação. Torne-a um hábito. A vontade de mudar fortalece a atitude, mas a atitude precisa de algo definido para se alcançar.

Aquilo que é bom e "não influi, nem contribui", ou o que é danoso e causa mal, mas a pessoa se mantém no mesmo ponto justificando o que não existe. Prestar atenção à sua rotina, pode se tornar um excelente exercício para desenvolver a sua autoconsciência.

Preste atenção às suas manhãs, naquilo que precisa ser feito e você cria eventos que não existem, desvia a atenção para o que é prazeroso, mas não resolve. Preste atenção, pois esse não é você. É o lado psicológico da vítima que se faz enganar, como alguma forma de justificativa. É bom alterar por outro fazer, vai ficar bem melhor.

Rotina é um ato repetitivo alterável.

Rotina dois

Nesta terça, parte da semana do dia sete do ano dois mil e vinte, o que temos é o pensamento que insiste em não vir a não ser para discutir a rotina. E eu, resistente, fico perguntando por que um dia da semana para quebrar a rotina? O que você pensa a esse respeito?

O pensamento continua insistente e diz: veja como seu corpo reage. Olhe para si mesmo. Aprenda com você, com o seu corpo, com os hábitos a ele impostos por seus pais, bons ou deletérios. Ouça o seu corpo, ele é um grande mestre.

Pense e defina o que é preciso mudar. Tome a decisão, vá em frente, aja! Aqui fiquei a pensar no tempo necessário à mudança de um hábito. As dúvidas e as certezas são recorrentes. Em jornais da Europa, nas colunas ligadas à psicologia social, há afirmações interessantes de como fazer para transformar um hábito velho em algo novo, útil e que se repita, que fique e seja automático. Para que isso ocorra são necessários sessenta e seis dias de prática ininterrupta.

Sobre essa informação, um mestre me disse que "pouquíssimas pessoas têm vontade suficiente para repetir uma prática por sessenta e seis dias ininterruptamente, porque sessenta e seis representa muito para quem já tem um hábito de tanto tempo. Você resolve fazendo todo dia, com o compromisso de mudança por aquele dia". Esse comentário me fez lembrar o AA (Alcoólicos Anônimos). Eles assumem o compromisso de não beber só por aquele dia. E termina dando certo. Começam ao acordar repetindo para si mesmos, "Só por hoje eu não beberei"! Agora é com você. Quer mudar? Comece agora, comprometa-se com o dia de hoje e conscientize-se de que amanhã será sempre hoje.

Atenção aos sentidos

O pensamento desse dia tem a marca da maior expressão no mundo de todos os seres, mesmo que a pessoa intente contra si mesma diminuindo o seu valor como uma idiota, o que não acredito. Embora faça parte da jornada não acreditar, quando se caminha buscando a orientação do mundo do outro.

Então esse dia é comandado pelos deuses. Escolha o seu. Eu escolhi um ícone que me representa muito bem porque é visível para todos, ninguém pode negar a sua existência e o seu poder, o Sol. Mas você pode passar por Zeus, Júpiter, Thor ou o Rei dos Reis. Imagine onde se encontra cada um desses deuses, se há algum espaço para algum deles em seu coração. E como é possível interagir com eles. Escolha o seu.

Preste atenção aos sentidos. De tudo é preciso atenção especial se você deseja reter mais informação para utilizar em seu dia, de todo dia. Então vejamos algumas sugestões:

Audição.

Parece uma tolice, mas, em geral, só ouvimos o que interessa, nem sempre prestamos atenção a sons que nos chegam, que são vitais para a compreensão da realidade ao nosso redor.

Um bom exercício de concentração é estar atento ao que ouvimos das pessoas. O que dizem. O que falam de maneira geral. Se você se faz presente, percebe. À noite, tente lembrar dessas falas. Escolha uma das falas que engrandeça. Não diminua ninguém. Adormeça agradecendo pela maravilha do dia.

Se você internalizou o que foi dito, verá que nem todo som que nos chega faz sentido para a nossa vida. Estou aqui escrevendo esse artigo e a televisão está ligada. Meus netos gostam de ouvir determinado programa. Os sons das falas chegam, mas, conscientemente, não tenho interesse em registrar nenhuma delas, nem de interpretá-las. Entretanto penetram o meu campo mental ficando guardadas de alguma forma.

Sons mais distantes também são perceptíveis. Aproveite um momento de silêncio "aparente". Faça o exercício de captar o mais distante. Parece imperceptível, mas ele existe em outra realidade. Tente. Acorde o seu cérebro. Capture o melhor, se não for melhor, transforme-o.

É dessa rotina que o pensamento do dia fala, apelo para o que vem depois, até dias depois. Tem uma razão de ser, é preciso prestar atenção, é como exercitar um músculo, o ato de repetir o fortalece, se a pessoa não faz nada, também nada acontece. Lembre-se, a percepção é interna, numa combinação com o sentido externo e até onde seu cérebro está treinado para perceber. Como diz o Mestre, "Se melhorar, melhora!"

Voltado para os sentidos

É Quinta-feira, dia nove. Outra quinta, mas não é mais uma. Nesse dia, o pensamento continua voltado para os sentidos, tão presentes e indispensáveis para perceber e criar a realidade. Sempre reflito sobre as atividades do dia que se inicia, com a luz do sol que chega. Seus raios tocam o meu corpo e o fortalecem. O sentir eiva-se da realidade presente

E me vem o sentido de perplexidade interior. Você não é o que vê, nem o que os outros veem em você. E mergulho nesse pensamento na busca carismática por uma realidade melhorada, então, o sentido aflora e traz o exercício que recomendo:

Olhe para a sua mão. Olhe para o espaço aparentemente vazio à sua frente. Olhe para o azul do céu; olhe para o ar que lhe envolve. O que você vê? O que é real?

Agora olhe para dentro de si mesmo. Com que olho você está fazendo isso? Faça anotações da sua experiência. Não invente, anote o que você percebe, mesmo que não faça sentido.

A perplexidade é o que nos faz parar diante do que não é possível completar- se porque o que se vê nunca é tudo.

Todos os sentidos são parciais, por isso precisamos aguçá-los e treiná-los, é como ampliar o "campo de compreensão".

Precisamos viver em constante perplexidade. Avançar para mais. A vida em nós requer isso, sempre nos cobrará mais. É chocante ver o que os fatos não veem, e de fato não veem, apenas transmitem a sua atualidade para a sua realidade se a pessoa estiver presente. Se estiver longe, seu sentido não está lá, você pode saber pela tv ou pela rede social, mas não é a sua realidade você pode até ter contribuído para o fato ser o que é.

Só o que é presente é o seu presente.

Magma celestial

O pensamento nessa sexta-feira, dia dez, ano dois mil e vinte, trouxe-me implicações de pensar mais do que imaginava. É assim, às vezes penso que seria apenas uma ocorrência, mas há um pensador que sente que pensar é necessário, porém mais da conta, termina sem conta. Ora, pensar não é apenas pensar, é dizer o que o pensamento quer, e ir além. Cabe ao leitor perceber o que é mais importante para o seu mundo, afinal, é possível que você pense mais do que esse autor que apenas intenta estimular a visão para que o que está escondido se revele.

A vida não pode ser simplesmente uma escolha ou uma circunstância. A limitação da consciência no ponto de manifestação do evento torna a ventura boa ou má, a incompletude da percepção do que está embaixo produz a inquietação, o estresse e até o sofrimento.

O que surpreende pode levar a pessoa a ir além do que imaginava. O Magma ainda é o mistério. É a substância de onde emana a própria essência de todas as coisas

Dizia o velho Hermes Trimegisto, na sua segunda lei do Mentalismo:

"O que está em cima é como o que está embaixo. O que está dentro é como o que está fora."

O que isso implica para as manifestações físicas do planeta?

Nem tudo é por ventura, assim como toda ventura se caracteriza como um fim estabelecido no acaso do tempo ou no espaço da vida que está intrinsecamente vadiando no campo de ação de cada pessoa. A vida não espera se o destino não é criado. A consciência da criação é necessária para os que decidem mudar a própria ventura.

Nem tudo é uma aventura, nem toda aventura tem a ver com tudo, nem tudo é o todo, mas o todo é tudo. Aqui só é possível comentar para trazer da essência de tudo a realidade que pode ser criada. Como a teoria do magma não existia, quem sabe possamos criá-la.

Se há magma entranhado nas profundezas da terra, há também no profundo prazer da mais salutar alegria.

Se o que vejo, não é o que vejo, mas apenas o reflexo, tem uma razão que se quer encontrar onde seja possível ter uma lógica, mesmo que não seja lógica. Se você achou difícil pensar sobre tudo isso, é simples, não pense, mas lembre-se, a verdade está por trás do projetor.

A esperança ativa

Sábado, onze, de dois mil e vinte. Hoje é um dia da mais salutar obstinação. Bom para falar da esperança ativa realizando o que não se espera, mas certamente do que se tem certeza. Vejamos:

A meta, o objetivo para a minha montanha do sucesso 2020 é a minha atitude mental positiva e focada, não no que é preciso realizar, mas no resultado. Isso é tão dito por aí que pareço está clicherizando verdades para os que não esperam o tanto que a espera é necessária. Alguns perdem por isso, outros ganham. A sabedoria de esperar é agir na direção do que se espera, mesmo que não seja a coisa do objeto esperado, mas com a intenção verdadeira de alcançá-lo.

O resultado sempre vai exigir que eu faça o melhor. E o melhor não é mensurável, depois de feito é o ápice daquele momento, variando com a protelação para mais ou para menos.

Consulte o que atrapalha, o que confunde. Olhe para fora, mas não esqueça do mais importante: você. O sabotador não está fora. Aceite o que você reluta em não aceitar. Ter sucesso é ser corajoso no enfrentamento de seus grandes inimigos.

Os pensamentos desse dia estão para a claridade da fala e da meta, ter o objetivo e atitude mental positiva focada na ação.

Falar de resultado conforme entendemos, é sentir o cheiro, a cor do que se quer, realizado, antes de sua realização se tornar visível. O que destaco é essa estranha consulta ao que atrapalha, ao que sabota a sua capacidade de realização e os cuidados que se deve ter com os julgamentos a que se é levado fazer, isso enfraquece o poder para conquistar o que já é seu. Não deixe a sua ignorância impedir a sua consulta. Olhe para seus incômodos, encare-os para que eles não intervenham no resultado final de sua conquista.

Mantenha o foco!

O pensamento tratado nesse domingo, doze, fala de certezas a serem conquistadas e das incertezas que atrapalham e sabotam a capacidade de realizar. Distúrbios orgânicos, psicológicos ou de outra natureza são sabotadores que podem se fazer presentes e atrapalharem a pessoa de realizar o seu melhor. Em que pese as dificuldades, é possível ir além. Tem sempre alguém ao seu redor que está disposto a ajudar, desde que a pessoa esteja receptiva e se disponha a agir

Na vida o que queremos é uma atenção. Um olhar dirigido para um ponto, torna esse ponto valorizado ou não.

Ações decididas são pontos que precisam da energia de um olhar que irradie prosperidade. Um olhar contínuo na ação faz manifestar o desejo de realizar o sonho.

Mantenha o foco! Manter o foco é essencialmente necessário quando a pessoa decidiu realizar algo.

Se você encontra dificuldade em manter a sua atenção no que você precisa realizar, ou começa e não consegue terminar, preste atenção a sua saúde. Seu corpo está bem? Seu psicológico está bem?

Se você tem dificuldade em manter a sua atenção no que faz, isso pode ser um obstáculo para a sua realização de vida, as oportunidades chegam e se esvaem porque você não consegue manter o foco no que está fazendo, começa e não termina.

Se você, sozinho, não consegue alinhar-se ao seu propósito e seguir etapa por etapa sem recuos, então não se faça de rogado achando que isso é uma besteira, não, não é. Vá buscar ajuda.

O tempo para realizar é uma preciosidade, se você o desperdiça, está assinando o seu atestado de ingratidão e por isso será cobrado. Então, o que precisa ser feito?

O médico, o psicólogo, podem dar o direcionamento que você precisa para tornar-se mais proativo.

Cuide-se! Fique ligado!

A morte adora os descuidados, ela os faz sofrer e os leva com a memória dos sofrimentos e, principalmente, daquilo que era para ter feito e não fez. A morte é o cobrador da vida!

Tenha foco no melhor; seja persistente; na desesperança alimente a fé e se mova, o universo não é estático, o movimento é a certeza da vida. Olhe e envolva-se. Faça o que deve e tire o melhor proveito do que não deve.

Tato

Sabe, hoje é segunda-feira, dia 13, o ano vocês já sabem. O pensamento continua insistindo, é importante treinar os sentidos que levam para o cérebro a informação necessária para formarmos a imagem de nosso mundo real.

Pensamentos que estão na base de nossas certezas de que existimos, de que há uma realidade sendo formada pelo que é percebido no campo da consciência.

As coisas reais não são perceptíveis fisicamente. Elas não se formam sem que tenhamos uma relação agradável ou não. É a extensão dessa relação que vai dimensionar o objeto em nosso mundo real.

Quer ver o mundo, olhe como ele se comporta dentro de você, de dentro para fora. Qual é a sensação que você percebe?

Sensações táteis são, talvez, as mais difíceis de reproduzir. Tanto a maciez da pele, quanto o aveludado das pétalas de uma rosa são sensações possíveis de serem recordadas pelo nosso cérebro. Escolha um objeto conhecido e procure trazê-lo à memória tátil. No início pode ser difícil, mas é um exercício importante.

Raízes e gratidão

Meus pensamentos vagaram nessa terça-feira, dia quatorze para homenagear a terra onde nasci e onde decidi plantar minhas raízes e aqui fazer o meu melhor pelos que decidiram estar comigo.

"Arapiraca, estrela radiosa", ...

....

"Sob um céu de safira estrelado, Num agreste dêste imenso Brasil, Fôra um rincão pequenino fadado A ser majestoso, soberbo e viril".

(Do Hino Oficial de Arapiraca. Letra do Professor Pedro de França Reis)

Já pensaram, os arapiraquenses, na importância de sermos movidos pelos adjetivos: "majestoso, soberbo e viril"?

Entre tantos os significados, vejamos alguns bem adequados:

"Majestoso" - Imponente; que expressa grandiosidade.

"Soberbo" - É a arrogância, a altivez, a autoconfiança exagerada.

"Viril" - dotado de coragem, energia, vigor; destemido e forte.

Olho esses significados e vejo quão forte isso está presente no espírito dos arapiraquenses.

Creio que o leitor pode se perguntar o porquê dessa alusão, mas o conduzir esses significados para o lado pessoal de cada um é carregar um pouco da energia que essa cidade irradia. Os que moram por aqui sabem disso. Os que vêm de outros rincões admiram, valorizam e outros sentem uma inveja positiva que os levam a tentarem arvorar-se desse mesmo espírito em suas cidades, o que é bom. E há a inveja negativa, aqueles que não fazem nada, buscam encontrar pontos negativos nessa forma de ser, projetam a sua própria incapacidade de ampliarem a sua compreensão evoluindo para patamares de onde novas paisagens podem ser descortinadas trazendo prazer e alegria. Os primeiros ganham, os segundos perdem.

Sou muito grato por ter nascido em Arapiraca e aqui plantado minhas raízes.

Foi em Arapiraca onde tudo começou. Falo de sentimento pessoal e falo do que o criador do hino expressou na sua sensibilidade de poeta. Cada leitor terá uma posição, favorável ou não.

Avanço destemido para o meu triunfo

Vocês sabem, não pela distância, mas por estarem lendo esse livro desde a primeira página, o que garante um sentimento de conexão comigo em um ponto onde nos encontramos na beleza e brilho do campo eterno da Consciência Infinita. Esse é o primeiro mês do ano dois mil e vinte. Hoje é uma quarta-feira, dia quinze.

Os pensamentos de hoje têm um tom mais doce, talvez mais religioso ou mais místico. Então estou pronto para realizar a vida onde estou e com quem estou!

Cristo é o meu Guia! Aprendo, amo e realizo!

– Vem comigo!

Olhe, se o seu mundo se desvanece e a angústia invadiu sua alma, ainda há algo por fazer, olhe para o alto, o seu olhar pode mostrar um caminho!

Se a luz que iluminava os seus dias foi obstruída pela nuvem escura dos seus pensamentos, ergue o seu olhar e fita o infinito, e pede Àquele que não conhece, mas de você tudo sabe!

Se, por fim, você entender que a sua súplica, não chegou ao âmago da Consciência, prepara a sua entrega sem temores, Ele é o seu guia, te ilumina e orienta!

Essa busca quando se torna desesperada é indicativo que o foco precisa ser mudado.

O suplicante precisa desprender-se de suas limitações para tornar-se receptivo, para que sua mensagem chegue ao seu destino e a pessoa compreenda que a resposta virá.

Sobre metas e propósitos

Hoje é quinta-feira, dia dezesseis do ano dois mil e vinte. Pensamentos presentes de elevada estirpe: Vou para a minha meta como a águia para a sua presa.

Metas são definições claras do que se quer conquistar. Uma meta enseja motivos menores agrupados em função do motivo maior.

Para uma meta estar corretamente energizada, deve ser elaborada em função de um propósito que é o termo final de uma conquista. O propósito é interno. É o segredo que vai gerar a energia para que a meta seja alcançada.

Em função do pensamento que abre essa página, consideremos que a meta da águia é a presa e o propósito deve estar ligado à sua satisfação. Aquela sensação de conquista.

O que vai fortalecer o propósito como o que é maior e mais importante? Se você não conseguiu encontrar o propósito por trás de suas metas, não perca a sua energia com desvios inúteis, o propósito se revelará certamente. Acredite!

Ainda precisamos acrescentar que um propósito para ser sagrado deve continuar vivo mesmo que as metas fracassem e não sejam alcançadas. Um propósito sagrado deve envolver as pessoas com quem estamos, nos relacionamos e amamos, e por isso temos a certeza de que elas nos amam. Para o bem-estar e crescimento de todos, é preciso entender que certas ações vão ser incômodas; deve-se entender, no entanto, que são necessárias, e as ações vitalizadas pelo bem de todos.

A construção de um mundo melhor e de paz duradoura, essencialmente, envolve relacionamentos construtivos. Então, propósito macro e sagrado deverá ser útil a muitos, metas claras e combinadas nos momentos em que as ações devem ser compartilhadas. Fiquemos atentos!

Abraçar e modelar

Abraço o meu futuro modelando o meu presente. Esse pensamento traz dois verbos de importância vital. Nessa sexta-feira, dia dezessete do ano dois mil e vinte, movido pelo abraço e pela inspiradora arte de transformar duras e insignificantes formas em belas e inspiradoras imagens da consciência mais nobre.

"Abraçar" envolve uma ação de acolhimento e "Modelar" um contínuo de ações presentes que se repetirão sempre numa amplitude maior, num campo de abrangência, cujo limite é o próprio infinito em si mesmo.

O "presente contínuo" faz desaparecer o futuro ou funde-se no próprio instante em que o tempo não pode ser mais que uma conta sem conta.

Então, modelar o presente é uma ação de futuro. É uma viagem contínua ao espaço infinito onde só a consciência se autoriza a conhecer a sua própria dimensão.

Modele com carinho, dê mais atenção ao que você está fazendo no seu "presente". Lembre-se ele não é estático, é "contínuo". É você, e só você, que tem a autoridade para alterá-lo.

O indivíduo que modela o que faz e o que quer fazer em atenção contínua, se esmera para fazer o melhor, dá ao indivíduo pensante a condição de trazer a conta no futuro para o presente. Aqui não se espera.

Abraçar é inundar o outro de um carinho que se mistura e diz: o meu amor é seu. Abraçar é doar até que o infinito perceba um amor que só uma mãe conhece na sua inteireza. Abraçar é levar a energia que restabelece o ânimo, cura a mazela, desperta o afeto e aumenta a amizade.

Assim, o pensamento desse dia iconiza a vida por meio de uma imagem sagrada, o abraço! E é nesse leito da pura energia que o nosso abraço melhora a vida e nos fortalece na caminhada.

Para concluir, modele o seu dia valorizando a vida em você e no outro. Abrace mais, ame mais, sorria mais. Esse é o seu presente, é o nosso presente.

O silêncio da separação

Hoje é sábado, dia dezoito, ano dois mil e vinte.

No silêncio desta vida encontra-se o barulho da realização humana. No barulho da realização, a vida age, como uma promessa, define o que vai ser segundo a intenção. E é nesse silêncio de intenções que brotam certezas e incertezas e correm dores não aceitas para os sentidos cansados de perceberem a insensatez que corrompe a consciência e induz as diferentes separações.

Nunca um pensamento sagaz, e repetido insistente e muitas vezes confuso faz escolhas, mas ataca intenções não reveladas, que se brotoejam para se revelar em momentos inesperados. Embora a intenção seja um campo de ideação, quando externada transforma-se em compromisso, importante passo para expressão neste mundo de realidades sensuais. E o pensamento mantem-se provocando sensações.

Parece-nos que perceber não é compromisso, mas age na direção de comprometimentos com o que produz sentimento sincero, uma emoção capaz de motivar a ação colocando-se no patamar do que é possível realizar! O pensamento continua em sua ação. Ele é natural.

A realização não é algo que ocorre com um "estalar de dedos", há um caminho a ser percorrido que começa com a intenção, a certeza, a confiança, o compromisso e a ação. No silêncio ela nasce extraindo-se das entranhas de um ser.

Vi, há pouco, um ato de silêncio. O silêncio da separação ou da tentativa de separar. O silêncio dos que não compreendem. Está com alguém implica em compromisso e atenção contínua. Depois do silêncio, uma lágrima despencou de um olho triste, mas de um coração forte. O mantra "eu te amo" foi pronunciado duas vezes. Embora o desejo não tivesse a consistência do esperado, a resposta não veio, o mantra vai continuar ecoando no espaço da consciência. Os corações vão comprimir-se até que encontrem um termo onde o encontro não seja abstração de um devaneio enlouquecido por um passado injusto, talvez. Quem pode julgar?

Implicações

O que implica em não fazer o que precisa ser feito em tempo de evitar problemas? Não encarar o desafio no tempo que ele surge traz implicações futuras inevitáveis. Então, preste atenção ao seu maior desafio. Encare-o agora!

É domingo, dia dezenove, ano dois mil e vinte. Impávido pensamento que volta a insistir em questões que têm implicações na maneira de ser de cada pessoa porque todos carregam problemas, algo tão comum para a grande maioria. Quem não os tem?

O pensar dessa hora foi incisivo em trazer uma expressão já conhecida: "Tira a bunda da cadeira" e cuida de tua vida, toma uma direção! E a cadeira estava quente e o caminho estava feito, era preciso afinar o motivo para o sorriso iluminar o dia.

Então o fluxo continua, não para. A vida não para. É prestar atenção ao que implica em paralisar a realização, olhar o motivo e direcionar. Os espinhos podem penetrar na carne, a dor chegar à alma, mas o espírito precisa se fortalecer para não recuar! Onde há decisão o foco deve ser cultivado. Ação contínua conduz à vitória.

Permanecer fiel ao caminho e ajeitar a máquina é o que estabelece conexão com o futuro. E o futuro é a coisa feita.

Aparentemente é simples, a compreensão parece ser fácil, mas na hora de praticar é onde reside a dificuldade, entram em ação os sabotadores, a história, os temores, os hábitos e a cultura da protelação.

A cada leitura desse pensamento, olho para mim e procuro ver se estou dando o exemplo.

EU TE AMO

É segunda-feira, um dia especial, vinte do ano dois mil e vinte.

A palavra mantra tem uma composição de significado interessante. MAN, do sânscrito, quer dizer mente e TRA, que quer dizer, proteção. De forma inesperada, mas carregada no meu universo de consciência, um desejo grudado nessa entranha que o passado traz para o presente revelar. Como uma música de sublime encanto:

Eu te amo!

O que fiz nesse dia para merecer essa inspiração? É exatamente isso, como disse acima, um desejo grudado na entranha da consciência traz essa fórmula de poder impensável. Que faz o fluxo da energia sagrada sair do centro do seu peito para envolver o outro de uma sensação de indescritível valor para o que o outro representa na vida da pessoa.

Eu te amo!

Para mim um Mantra de sagrada veneração e gratidão à vida e à Consciência que nos envolve e aconchega.

Eu te amo!

Indica que o habitante de um corpo humano fala para outro habitante em corpo diferente, essencialmente da mesma natureza, da mesma origem, do mesmo princípio criativo. O que somos realmente? Já pensou nisso?

Eu te amo!

Oh! Poder incorruptível que nos motiva continuamente a ser mais e melhor, a enfrentar sacrifícios impensáveis para manter a magia do relacionamento harmonioso sempre vivo!

Eu te amo!

Celebrar-te agora e amanhã no sempre da vida até transpor o portal e repeti-lo com alegria renovada porque a morte morreu!

EU TE AMO!

Essa é a fórmula mais secreta e sagrada de matar a morte, mesmo explicitando-a como está aqui, sei que ela continuará secreta, muito bem guardada dos corações insanos porque o poderoso guardião dessa fórmula chama-se "causa e efeito".

Matar a morte significa abdicar da insana presunção de que é possível amar, sem amar e não ser cobrado por isso

Você, razão e vida!

Você está à minha frente contando a sua história, nesse dia de abertura do Sol. Uma luz que se irradia do seu coração de onde tiramos as respostas que iluminam o caminho.

Ao meu lado para caminharmos juntos, é preciso sinalizar na direção do Propósito. Convido-a! Vem comungar da mesma essência! Você é razão e vida! Por isso não está longe, nem está perto, está no mesmo patamar e se torna presença sempre presente, sem diminuir, sem aumentar, você é motivo e razão de vida.

Na sua busca de completude vibrando no padrão de meu desejo, atraímos outros, como você sente e ama. Assim, caminhamos juntos!

Você, razão e vida, eu chamo, vem aqui, nesse agora; amanhã, nesse agora, para ultrapassar, no tempo, qualquer vergonha, em um suplicar de emoções. Por isso, de forma inequívoca é preciso ativar o ser para saber o que é ser.

Você, razão e vida!

Nasce, nesse instante de força inspiradora, uma pergunta vital quanto ao uso do advérbio de lugar "aqui" e no indicativo de tempo AGORA.

"Agora" é como uma essência que se extrai melhor ou o pior da amplitude do acontecimento. Essa essência não é o extrato completo porque amanhã devo permanecer nesse agora, o que pode representar um problema de repetir-se quando tudo já mudou e ninguém é mais o mesmo.

O que pode salvar a expressão "nesse agora", dando-lhe uma significação bem mais ampla, é o simples dizer: "Você é razão e vida".

Finalmente, a vida é uma dinâmica, presente e contínua, é a essência do PRESENTE, é CONTÍNUA imersa nas vivências do "você". Por isso o melhor jeito de estarmos bem é sermos um pouquinho melhor a cada dia com o que fazemos e com o outro.

A sombra se esvai

O homem estava sério, apesar da serenidade em sua face, ele parecia querer ir além do tempo previsto. Sentia-se mergulhado em um estranho querer para liberar a abertura do livro da tríade!

Era uma suposição, enquanto o outro tinha certeza e perguntava com clara notação, você acha que chegou o momento dos três cavaleiros se apresentarem? A pergunta era um símbolo de inocência e sabedoria reprimida. Isso foi suficiente.

Do estranho, o diálogo se conclui, "você renasceu"! Aquela imagem se fundiu no horizonte e desapareceu como fumaça no azul claro do céu. Ficava difícil para entender, mas havia uma conotação nítida de mistério.

Nascer, viver, morrer, renascer. Diariamente isso está acontecendo em nossas vidas. Todo dia é uma vida que começa logo cedo, quando abrimos os olhos para o mundo e enxergamos o que nos chega por meio da luz do sol e começa a se esvair no entardecer até o momento sagrado de fechar os olhos e adormecer.

Durante o sono o espírito viaja pelo atemporal mundo da Consciência carregando seus desejos e conflitos que o empurrarão para a Luz de sua alma ou para a escuridão de seus próprios instintos.

Ao abrir os olhos para um novo dia, uma nova oportunidade surge, podemos mudar e redirecionar para aproveitar a vida que recebemos de forma positiva e libertadora.

E esse pensamento carregou o dia, uma quarta-feira, o que era possível fazer quando a dúvida podia corroer o presente, era pensar no daqui a pouco. Como estar melhor, nem que pare o que está fazendo e saia para olhar o sol, uma árvore, uma paisagem ou simplesmente as pessoas passando nos seus diferentes estados limites da própria consciência, mais felizes ou não, sempre um indicativo de que você cuida de você e do outro quando solicitado.

A sombra não se vai com o vento, mas a luz a projeta, se você se preocupa com ela, ela ganhará vida e incomodará. Não é a sombra, mas o que você pensa que ela é. No final, ela não é nada.

Embora assim, outro viés do pensar naquele dia era insistente, achava que tudo podia se resumir em dó-fá-si e a harmonia perfeita se estabeleceria e aí teríamos a luz unida pelos três cavaleiros dissipando a ignorância destruindo todo o exército das sombras. Todo o mal desiste quando a luz se faz no coração.

O pensamento finalmente acalmou-se e a "heroica" tríade desceu da montanha e encheu a planície de seu grito de libertação. O silêncio se fez. Luz e sombra trabalharam perfeitas para estabelecer a harmonia no vale onde a dúvida já havia destruído muitos corações.

Esse foi o fim. Tudo renasce. Ouça agora Beethoven, sinfonia número três "Heroica". Cada movimento é uma revelação da trifonia secular a ser composta pelos corações que venceram a insensatez e fizeram do medo sua arma mais poderosa. Naveguemos em suas ondas de poder e realização.

A Semente

Como se comporta a semente? Alguém gritou no meio da floresta sem árvores, mas onde milhares tinham suas moradias, na maioria trepadas umas sobre as outras, feitas de areia, cimento ferro e pedras.

Com um som no íntimo do coração, a semente gritava o seu nome, queria trazer a vida para nascer, mesmo nas paredes daquelas casas.

Tudo era bem declarado para vibrar em uma escala infinita de bênçãos, se permitissem, o som novamente faria o verde acontecer.

Uma música tocava uma nota caindo de um mundo, mais celestial carregando dentro de si o universo operante de possibilidades transformadoras de realidades insípidas em outras de aberturas para outros mundos iluminados.

A dúvida era um tom que compactava a essência da música mais sutil onde uma coisa, era apenas uma coisa, embora nunca fosse verdadeiramente uma coisa.

Apenas uma semente, uma árvore completa para se mostrar e com a força da seiva, as flores formando os frutos. Essa operação era declarada, absorver a luz do sol, transformá-la em oxigênio e animar o espaço ao seu redor.

Era memória na sua consciência molecular, extrair umidade da terra e do ar; transformar-se em seiva, para as flores o espaço embelezar e perfumar e transformar-se em frutos que alimentam os corpos. É a semente, a árvore compactada, o suprassumo segredo da natureza.

Sentindo a Presença

Observemos a natureza para melhor compreender a criação em nós. O que somos além do corpo e suas múltiplas reações químicas?

Que força promove essas reações? Nada melhor do que sentir que reagimos ao mundo onde estamos, reclamando ou não, nós o temos com sabor doce ou amargo, nós o temos com o compromisso de torná-lo melhor.

Nada mais agradável do que sentir que estamos presentes. Preste atenção a órgãos, membros e músculos e ao corpo como um todo. Em um momento, dois ou três no dia.

A dor pode ser incômoda, se isso acontece, é o grito que precisa ser ouvido. Não tape os ouvidos. Não se descuide das emoções essenciais, ou ao que elas fazem com você.

Preste atenção, um descuido e mais uma dor; Perceba o quente, o frio; o normal e o anormal; associe cores, cheiros, sons ou gostos. Esse é apenas um exercício mental, corporal e da expressão, de como você está. Está melhor, seja melhor.

E agora de uma natureza mais interna, apenas veja a imagem que lembra o objeto, não importa onde o objeto esteja, preste atenção, não descuide, há diferentes situações com diferentes percepções.

Outro ponto da experiência que pode ser experimentada, mas não fiquemos só no experimento.

O exercício efetiva a prática. É o seguinte, gire para a direita, até ficar tonto e desequilibrar, ou simplesmente ficar cansado, então deite-se, repouse, relaxe. Funciona como um caniço de luz no miolo da coluna vertebral. Com o tempo, imagine-se dentro desse caniço como um raio de luz, para cima toca o sol espiritual, para baixo toca o sol central na mãe terra. Você descobrirá como isso faz bem.

Ocorre, acorre, vá, veja! Preste atenção, não descuide, o certo ou errado, veja o seu corpo, ele é a morada, o Domus onde seu espírito habita. Se há algo errado, a consciência grita e manda. Uma dor, um vômito, é o alarme. Preste atenção, não descuide! Esteja presente. Olhe ao seu redor, sinta o longe e o perto. O que está fora reflete o que está dentro.

Seja um recordista – Supere os seus limites

Hoje é um dia intimista. Os limites estão pelos ares. Um quê de abstração parece impor-se para fazer chegar àquele que pode porque pode.

Pensamentos esses que chegam sem pedir licença, enquanto outro grita: Acomodar-se por quê? Se você é mais do que um simples incômodo! Ora, veja lá, como você vem incomodar os incomodados? Assim já é demais. Mesmo assim, vai lá, continua.

Tire a "bunda da cadeira". Novamente essa expressão! Cuidado para não perder a graça. E o pensamento continuou: "toque fogo no rabo" e acelere. Lá na frente, alguém te para e pede uma ajuda. Quem conhece mais, pode mais. Se você andou mais, tem mais, pode mais. O que vai dar?

Então pode ir onde é preciso atender a quem precisa. Longe ou perto, dentro ou fora, se te procuram é porque você pode.

Não esqueça, gratidão é humildade para fazer mais. Seja um recordista, supere o seu limite! Sem limite não existe razão. A razão não é só está certo, é fazer o certo no tempo necessário, lembre-se, esperar nem sempre ajuda, o dia de amanhã pode execrar a sua razão.

Algumas pessoas podem até se incomodar com essa forma de dizer verdades condicionadas a hábitos e fazeres diários.

Se você não se incomodar e fizer um esforço para prestar atenção a detalhes de sua vida, simples, mas que diminuem a sua capacidade de realizar, verá o quanto a sua vida será transformada.

Preste atenção, você pode ir muito além do que imagina. Fraco é o que aceita ser fraco. Adiante, o seu limite é logo ali, depois é conquista. De uma para a outra, o caminho você já sabe.

Convenções, verdades e atalhos

Outro dia, encontrei-me pensando sobre a Tradição. E entre um espernear e outro, tive um lúcido espere aí, é preciso dizer, de um diálogo interno se define qual é a sua tradição. Uma pergunta pouco usual, mas uma pergunta de um pensamento teimoso insistindo.

E foi assim que a resposta ficou assanhada com o que carrego, uma tradição que se arrasta de pais para filhos ao longo de centenas, talvez milhares de anos. Pergunta ou resposta.

O diálogo parecia bom. Mesmo assim, a resposta devia ser dada: O Criador. Um silêncio quebrou a completude do que havia sido dito. E um convite para refletir surge das entranhas do próprio pensamento, e adianta:

Para mim, é santo e verdadeiro os princípios que regem a existência humana que podem ser aplicados em qualquer tempo e lugar, independente das convenções. E mais reflexões surgem, levadas pelas convenções habituais que não dizem verdades, mas insinuam, vejam:

Uma convenção é o que se estabelece como verdade sustentada por um período de tempo. O convencional é admitido socialmente, mas, nem sempre se sustenta para transpor gerações.

E sobre a Tradição você não a encontrou? Vocês percebem a insinuação para ir além do já dito e foi:

Claro que a encontrei. De forma simples, minha tradição é aquela que inspira a família como a minha principal religião.

Nesse ponto havia certa inquietação para insistir num simples: e por quê? Quem está por trás dessa inquietação? Até pareceu algum jornalista vindo da casa do não sei de onde, nem para onde vou.

Mais uma vez a última resposta parecia ser dada: O Criador. E um desenrolar para concluir o pensamento e segue:

A melhor Tradição é aquela que diz: você pode e deve quebrar convenções que, por suas inutilidades, servem apenas para aprisionar pessoas e fazê-las repetir comportamentos que não são construtivos, apesar da aparência e aceitação da sociedade.

Dois pontos, eu ainda devo ressaltar nesse comentário, que os reverencio como os mais importantes: O primeiro, a principal religião está no Lar que construímos com princípios para uma vida de realizações, de felicidade e de paz.

O segundo, diz respeito à Consciência e ao Criador Nela imerso, oculto, e sempre presente, em toda parte, em todos os seres, em todos pensamentos ou ideias. O Criador em nós e habitante da eterna Consciência, da Sacrossanta e Puríssima Mãe de Deus.

Sobre o dominador

Nós estamos em uma guerra e nela temos comportamentos diversificados. Uns enxergam o inimigo, outros não porque o inimigo sempre vai estar onde estiver a nossa atitude.

Como encaramos o mundo? Temos o controle do que fazemos? Sabemos para onde direcionamos a nossa ação? Ou sempre esperamos que alguém decida? Ou seguimos por caminhos que não temos certeza para onde vão nos levar?

Ser um Guerreiro da Luz é combater o controle do conhecimento pelo conhecimento porque querer mais conhecimento para alimentar justificativas de não assumir as limitações incômodas é subtrair o poder do guerreiro relegando-o a mero coadjuvante de uma guerra que nunca terá um vencedor.

A pessoa reclama, mas não quer mudar porque é cômodo estar onde está. Dessa forma, o dominador continuará com o controle e a pessoa vira escravo consciente e justificando, pelo conhecimento, que está tudo bem, que é assim mesmo e por aí vai, de tal forma que não é mais libertador.

Assim, é preciso uma ação mais ostensiva que pode doer, mas com resultados só mensuráveis pela leveza sentida quando se acessa o novo patamar, o novo degrau que permite uma visão clara da ação e do comportamento.

Todo dia, depois do acordar, exercitar-se, sair completamente da "tumba", olhe para o Sol e permita que essa Luz estimule a compreensão que você tem do Criador e possa ressuscitar a força do Divino, tão guardada por tantos anos, seja finalmente reconhecida por seu ego, tão resistente e "achado" como o suprassumo do saber, mas dominado pela história, pela cultura, pelos limites do limitado mundo humano.

Cada dia pode-se ter mais uma vida iluminada, ou ver escuridão, ou sombras das verdades inacabadas persistirem em se manterem presentes, refletindo o que carregamos.

Assim, todo dia é um novo desafio no combate ao dominador. Ele não para, age de forma contínua, por isso devemos voltar a esse assunto. A jornada continua.

"Seja alguém na vida"

Pensamentos motivacionais, vocês já viram, têm sido uma tônica sempre presente, ao longo desses dias em nossos pensamentos.

Por que a motivação é tão necessária à vida de algumas pessoas? Parece-me que elas precisam por terem alguma deficiência. Precisam aumentar a autoestima e a compreensão do que são e isso não se faz de um dia para o outro. Foi assim comigo, confesso.

A compreensão liberta mais do que o conhecimento. O "está feito" é uma frase que tem o poder de indicar para o Universo que o sonhado já está registrado; "por fazer" é a tarefa diária de expressar, de fazer acontecer o sonhado.

Não duvide, você pode mais da conta! Nesse dia, o pensamento viajou por onde o mais é o ponto de encanto de todos nessa busca diária por ganhar. A grande maioria quer uma conta com um montante que lhe garanta estabilidade e uma vida socialmente aceitável.

Se a conta não encanta, então é preciso ter um plano que redirecione o fazer diário para o conquistar de habilidades que produzam a mudança requerida, familiar e socialmente. Para isso, é preciso estar atento. Não duvide, vá além.

Além do motivo estabelecido, uma nova conquista precisa ser agraciada para um patamar definido pelo bem que é seu. Não duvide, você pode mais da conta!

A escolha é sua, não transfira; seja alguém na vida. Não desista, vá em frente. Tudo está feito e por fazer! Seja alguém na vida!

Já falamos sobre essa necessidade de motivar. Então, se você pode ir além, por que não está indo? Essa pergunta pode trazer a pessoa para o ponto que bloqueia a realização, ter a coragem de enfrentá-lo é o que vai fazer a diferença. Certamente aquele que está com essa dificuldade, deve aproveitar, sei que isso não é da minha "conta", mas certamente é da sua conta, na conta da sua consciência.

O bosque sagrado

O pensamento de hoje traz uma pergunta que provoca a nossa imaginação. Você já experimentou meditar em um bosque? Árvores, arbustos e plantas diversas espaçando o céu para que a luz seja mais presente. É a natureza que carregamos em nós desde a origem. Podemos imaginá-la e recriá-la conforme enxergamos o mundo em nossos registros de memória em nossa consciência.

Dirija a sua atenção cuidadosa e busque a sua razão de estar caminhando em algum lugar, o lugar em que você vive, mas um lugar em que a sua imaginação lhe leva onde seja possível caminhar por entre as árvores, sentir os ramos, as raízes enfiadas na terra em busca dos nutrientes e da água para alimentar a formação de novos galhos sob a supervisão contínua da luz, sementes e frutos.

Pense no seu bosque. O meu bosque tem árvores imensas, vegetação rasteira, arbustos, ramas muito verdes, muitas flores, aves das mais variadas espécies, cores e animais. Há uma riqueza de tudo. Nele tudo é Luz, tudo é vida.

Há um lago, onde gosto de ficar em suas margens. Sento-me e contemplo a superfície das águas. O vento suave ou agitado, eu tenho o poder para o acalmar. São meus desafios de todo dia porque eu carrego esse bosque dentro de mim.

Próximo ao lago, eu tenho uma pequena cachoeira. Gosto de sentar-me em uma pedra para contemplar a água batendo e espalhando gotículas no ar!

Ouça o barulho, separe cada elemento, ouça o silêncio, ouça a voz de sua alma!

O nosso bosque é a sua melhor visualização. É nosso, da nossa ancestralidade; do planeta que abraçamos e aceitamos como nosso lar, escolhemos morar e aqui aprendemos a amar.

Inegavelmente, esse é o momento mágico de iluminação e relaxamento que pode lhe ser útil, sempre que você desejar ficar um pouco com você mesmo. Se você ainda não tem esse bosque, crie-o agora, aproveite, medite, sinta essa paz.

Natureza do incômodo

Estava pensando em eventos que incomodam. E pensei na natureza do incômodo, como algo que sempre está presente.

O incômodo estranha porque é palpável: Um acontecimento, uma fala, uma atitude; um fazer ou deixar de fazer algo, agradável ou não. Pode ser disparador de um desgosto, de um não quero ouvir, de um não repita isso, não gosto de você quando fala desse jeito.

Nisso, as razões são as mais diversas, agradar ou desagradar é da natureza humana. Mas, nessa certeza, é possível agradar mais, como levar doces para a plateia; lavar a louça; elogiar; O problema é que nem sempre a plateia quer doce, e se for maioria, o desagrado é maior. E, não leve a mal, mas em casa é do mesmo jeito.

Finalmente, ninguém agrada a todo mundo nem agrada sempre, mas um esforço a mais pode aliviar a dor na caminhada de alguém que está ali bem próximo e você nem percebia.

Incômodos são bons quando se quer aprender com eles. Tiram-nos da zona de conforto empurrando-nos para o abismo que não queremos aceitar que existe.

No mais, são chatos mesmo, sem a noção do que são, apenas incômodos parecem ser, embora exista além deles uma nova forma de ver as causas iluminando os seus efeitos para criar novas realidades.

Agora, pense no próximo passo que você pode dar se decidir encarar os seus incômodos. Se tiver disposto, faça o seguinte, quando eles surgirem, geralmente à noite, um pouco antes de dormir, é bom fazer uma retrospectiva. Se surgir lembranças que causem inquietação. Anote-as. Expresse o sentimento colocando-o no papel. Depois debruce-se sobre cada um com a coragem de um guerreiro.

Traga esses mortos-vivos para o desafio do lugar onde devem estar, enterrados, ou jogados na latrina. Nesse estado, só desenterra quem perdeu o olhar do horizonte onde a luz do Criador irradia-se diariamente para iluminar o seu dia. Ele sempre vai estar presente. No desespero dos desesperos, já no fundo da latrina, ainda assim, um raio do poderoso Sol pode alcançá-lo. A oportunidade se faz presente, mas salvar-se é uma questão pessoal.

Então acabou! Incômodos só servem mesmo para isso, despertar para um novo dia. Viva a nossa liberdade e poder de criar outra emoção. A vida é um emocionar-se contínuo. O sol está ali, e está aqui, então faça a inversão de pensamentos que te incomodam. Como se diz por aí: vire a chave; mude a polaridade. Recebemos esse poder. Está feito!

O que é mais importante: a luz ou o amor?

O meu encontro com o pensamento nesse dia foi produtivo e inquietante, ao tempo que gera uma motivação que conduz a uma visão interior diferenciada.

É preciso ir e vir nesse embalo. A Luz é o bom discernimento, que permite compreender e agir com sabedoria. O conhecimento que afasta o medo e suprime a ignorância, traz o esclarecimento e orienta para a vida.

A conversa traz a consciência de algo que já desconfiava e, provavelmente, o leitor concorde comigo. O Amor é o grande mistério da Criação. Está presente na Luz, mas não é a Luz. Amor é uma das palavras mais faladas em todo o planeta e, talvez, a menos compreendida. Como substantivo, é apenas a substância que permeia os universos humanos. Está em tudo. É onipresente, mas a consciência de que ele existe, é um hiato para a sua existência. Ele está acima e além e, ao mesmo tempo, tão perto e tão poderoso que incomoda a muitos.

Amor, como verbo amar salva o substantivo porque dá-lhe movimento, dá- lhe a ação ou o estado de ser e torna o exercício humano do relacionamento possível.

Esse jogo com o pensamento envolvido em um mergulho amplia e induz, com uma insistência e autoridade que não tenho como simplesmente deixar de lado essas recomendações, vejam:

Quer aprender o que é ser humano? Ame todo dia, toda hora, ame! Esquecer-se de amar é mergulhar a consciência nas trevas que atrai a tristeza e o sofrimento. Como seres humanos, não temos saída, ou amamos ou amamos. A vida é o amor cristalizado nas formas; é mistério, é consciência viva da realidade eterna. Os homens e mulheres não são frutos do amor, são simplesmente amor porque emanam da mesma essência. Em Gênese 1-27 é dito: "Deus criou o ser humano à sua imagem, à imagem de Deus o criou. Homem e mulher ele os criou". Isso reforça, mas não pode ser definitivo se não admitirmos em nossos corações como verdade.

Esses pensamentos transcendem ao comum das nossas existências, continuei admitindo aquele encontro. O pensamento insistia, colocando-nos na dimensão atemporal do nível que todos nós buscamos da sabedoria ancestral, embora nos motive a isso, não podemos esquecer que não existe sabedoria ancestral sem que elevemos a nossa consciência individual, através da ampliação de nosso campo de expressão e compreensão nos relacionamentos humanos, principalmente.

O conhecimento deve ser o instigador da ampliação desse campo que inexiste sem as vivências em nossos grupos de relacionamentos.

O desafio ao relacionamento harmonioso existe de forma contínua, disso não podemos fugir.

O pensamento parecia, agora, determinado a completar aquele encontro reafirmando a força que tudo o que foi dito representava. Então acrescentou como reforço:

O amor torna-se presença viva através da ação de amar. Acarinhar, abraçar, beijar; ser compassivo nos julgamentos e desprendimento para servir e servir. Você está pronto? Nunca esteja, seja sempre uma vibração contínua de amor agindo no mundo que você criou. Olhou-me de forma mais demorada, como se o meu olhar penetrasse a minha alma numa atitude de despedida memorável. A seguir, mergulhou nas águas profundas da consciência.

Brinde o seu destino

Depois do último encontro, sabia que o crisol da consciência se tornaria o ponto mais apropriado para qualquer confissão. O destino não é o pecado, nem é o que lhe importa ser. Nesse sentido não é nada, mas o destino tem um poder impensável sobre a vida das pessoas. Qual é o seu destino que pode merecer um brinde? Essa é a minha conversa com o pensamento desse dia.

Nesse importante aproximar-se do evidente brinde, que saudará um momento especial em que o acontecimento é transportado para o seu destino, tão definido e decidido, para tornar a felicidade mais presente. Esse pensamento nasce de duas percepções, na relação com os acontecimentos de cada dia, de cada semana ou de cada ano. Por isso, é preciso ficar atento às sensações desagradáveis, compreender e transformar é preciso. A outra percepção é de que a felicidade é construção de vida, de todo dia. Não se iluda com as promessas que nunca serão cumpridas. Veja, a seguir o pensamento se esforça para esclarecer sugerindo práticas importantes para uma nova postura de vida.

Há uma sequência que nos ajuda na troca de polaridade. De forma simples: faça caminhadas por mais tempo, incentive alguém a ser feliz; ajude, olhe o outro positivamente, evite os julgamentos, esteja atento e presente com esse sentimento de que ser melhor é uma atitude prática de vida.

Quando você aponta os defeitos de outras pessoas, está apontando para os seus próprios, é só prestar atenção aos seus atos de vida e como você está com as pessoas próximas. Não tente maquiar a realidade por não querer enxergar o que está em você, pronto ou não, para se expressar. O que é seu, é seu, não é do outro. Então, pare de incomodar-se julgando a vida alheia, cuida da tua. Seja melhor a cada instante para que o instante seguinte valha a pena ser vivido.

A responsabilidade não é da vida. Nada está tão feito e acabado quanto a sua felicidade no âmago da consciência da vida da Essência de seu Criador, tudo já está feito.

Se você ainda não enxerga, é natural. Descubra-se, permita-se enxergar para dar o próximo passo.

Veja esses pensamentos e reflita sobre eles, a simplicidade de ser responsável, de assumir aquilo que é a sua parte, trará um ânimo novo.

Ajudar para ser ajudado, essa é uma fórmula adequada quando a pessoa compreende que precisa fazer por si mesmo e para abrir o portal da felicidade, não espere que alguma recompensa venha pelo que você faz. O movimento das ondas no mar é bem natural, acontece. Seja o que você é em sua essência. O seu verdadeiro Ser é sempre grato. Quem comete ingratidão é aquele que não enxerga o outro, e vê apenas o seu próprio umbigo. Atraia a simplicidade da beleza vivendo em conformidade com esses princípios. Brinde o seu destino. É a felicidade que te chama, ouça-a e tim, tim!

Atribulação e servir

Quem é o mais atribulado e menos feliz? Mais uma vez, e por alguma razão do bem maior, do servir pelo impulso da própria natureza, o pensamento chama a atenção para esse assunto, felicidade, com alguns lembretes bem contundentes, assim:

Lembre-se, nessa vida tudo tem um custo. Consiga crédito, SIRVA! E esse sirva estava em caixa alta para dizer, realmente sirva. Então, sem estreitamentos, vamos com atenção redobrada para o assunto, e por esses pensamentos serem ondas em busca de seus afins, avancemos.

"Quem não vive para servir, não serve para viver". Nesse patamar há uma evidência clara e necessária que é o servir. Assim vamos ampliando:

Visite uma vida, conheça um novo ser.

Contemple a realidade humana e descubra a grandeza que há em você. Aqui veio a necessidade de questionar para ampliar. Qual a realidade que você contemplou? Necessariamente não se tem que responder, mas o objeto da contemplação é o que povoa nosso mundo mental, o que está sendo criado como realidade possível de se viver, quando questionada se revela.

Cuidado com o julgamento. A grande maioria expressa na aparência o que realmente não existe.

A verdade humana é um tesouro bem guardado no coração e mente de cada pessoa. Descubra pela gratidão a chave que abre essa caixa.

Os pensamentos dessa mensagem completam os da anterior. Há, entretanto, um ponto que não pode passar despercebido. Qual é a verdade humana tida como um tesouro bem guardado? Parece um mistério por sua incompletude porque a verdade está no mais elevado dos pensamentos e incrustada de forma definitiva em nossa alma. A energia que nos motiva a ser como somos e a sermos melhor no patamar da eternidade é parte da verdade humana. O Sol em nossa alma é revelado em sua grandeza maior pelo sol que ilumina o nosso planeta levando vida por toda parte. Eis uma das razões para reverenciar Deus em cada pessoa. Olhar para o outro com esse pensamento é ver a si mesmo! Pense nisso!

Por uma questão de ajuste final, sobre o servir, para lembrar, não se serve mais, nem menos; o maior servidor é aquele que entre os seus, onde estiver, simplesmente serve.

Fotografia do seu destino

Você já imaginou como escrever a luz? A ideia é que cada coisa tem sua luz própria, mesmo alimentada por uma força interna pouco conhecida. Essa luz das coisas ou a sua vibração é captada pelo olho humano e o cérebro a transforma na imagem requerida por suas emanações. A realidade é o papel em que ela será desenhada. A luz projetada fará com que seus contornos apareçam e de repente tudo seja preenchido tornando o objeto palpável.

O futuro é a projeção do presente, se a pessoa visualiza um objeto de seu desejo, sua imagem vai ser inscrita em algum momento de possível realização. Então, o que você imagina ser? Relaxe! Escreva em um papel o seu desejo. Faça dele uma oração diária até que o universo o faça esquecer. Você adormeceu.

Lembre-se da lei da correspondência de Hermes Trimegisto:

"Assim como é em cima, é embaixo"; assim como é embaixo, é em cima". Você é o criador. Assuma e aprenda a criar conscientemente.

A fotografia é o registro de um evento, prestemos atenção ao destino, como os eventos que criamos. Se você o fotografar, a escolha foi sua, analise-o atentamente, porque você é o autor, é o criador.

Nós temos o poder para criar e para destruir e para recriar e reconstruir. Tudo muda a partir do momento que decidimos que muda. Então, fotografe o seu destino e decifre-o. Tudo está relacionado ao que você faz, vive e decide. Esse é um momento especial.

A decisão

Há um pensamento que me remete a conversas dos meus tempos de professor de Iniciação à Pesquisa. À parte, sobrava tempo para apoiar alunos em uma dificuldade ou outra de suas vidas fora do mundo acadêmico. O professor que educa não se safa de certas situações.

O pensamento, embora não seja a narrativa de fatos, mas o que envolve a vida em suas cobranças aos egos humanos tão resistentes e carregados de inteligências que os levam a pensarem sempre que a verdade é a sua primazia. Estão errados, mas zeram a opção de aceitar tal procedimento, constroem muros, embora naquela noite o muro fosse uma real projeção de uma realidade que vinha sendo construída.

O muro continua lá, inerte. O portão foi aberto. Alguém o escalou. Quem devia estar a postos para que o muro não fosse um risco a uma possível invasão, não foi, porque o outro continuava dormindo e anestesiado para a realidade que devia estar vivendo. O muro é responsabilidade dele, existindo ou não, ele tinha o compromisso de proteger, estar presente para evitar que o ladrão tome a alma de quem a pessoa ama.

O compartilhamento é parcial e os dois não caminham juntos com um mesmo propósito. Se você tem alguém e moram juntos, preste atenção até onde vai a sua liberdade na relação com o outro. Prestem atenção aos muros que constroem. Questionem sempre para que eles servem.

A pessoa precisava entrar. O muro não foi derrubado, mas o portão foi aberto. Quem precisava entrar tinha convicção, mas cedia sempre. Seu poder era obstruído pela sombra de seus medos.

Esse pensamento recorrente envolve uma dicotomia persistente. Ter o poder para mudar e na face obscura um medo de perder nem sempre revelado porque a face iluminada e do destaque é a do poder, que aparece, se mostra e deixa-se ver.

Depois da exposição externa vinha o enfrentamento de sua realidade obscura surgida na hora do vamos ver do relacionamento. Era aquela voz insistente repetindo- se.

Servir exige sacrifício, até de quem pode servir, mas atrapalha. - Gritou o desconhecido que passava.

Ela finalmente conseguiu. Alguém olhava em seus olhos e ela com um sorriso leve e sem o jeito decidido de ser, agradeceu e entrou para encarar o desafio de um relacionamento que começava a desgastar-se em um universo de premissas sociais de uma cultura controladora e discriminatória.

Sobre o dinheiro

O pensamento de hoje não é nada incomum. Ele tem a força do valor que damos às coisas.

Qual é o valor do dinheiro?

Um jovem queria ser milionário, embora não conseguisse discernir sobre o valor das coisas que afluíam para ele. O dinheiro que recebia escorria pelo ralo, ele gastava com coisas que não valorizava o trabalho que tinha para ganhar. Esses hábitos são tão culturais, tão antigos e tão presentes na vida dos humanos que me trazem um pensamento, talvez mais recorrente da própria história. Então, vamos refletir sobre eles.

Qual é o pecado em querer ser milionário? Creio que a maioria das pessoas querem. E por que não são? Essas perguntas são motivadoras e fonte de muitos estudos.

Valorizar as coisas simples, ajudar pessoas a superarem dificuldades, desprendimento para contribuir com uma obra social, devem compor um quadro de valores de um milionário.

A confusão inicial é achar que o dinheiro está acima desses valores. O dinheiro nem sempre é indicativo de riqueza. Pessoas com muito dinheiro carregando um medo de perder em alta escala, podem se tornar agressivas e avaras. Em geral criam um inferno em seus relacionamentos. "Têm tudo, mas não têm nada". Seu barco está sempre prestes a naufragar e seus marinheiros esperando a primeira tempestade para abandoná-lo.

Na jornada do milionário, a pessoa deve conhecer o valor do dinheiro, do tostão ao milhão, mas o conhecimento de seus valores e da necessidade de reconhecer a importância de cada um para o seu crescimento conduzirá à descoberta da lei sagrada que leva ao batismo no seio da Consciência permitindo acesso ao tesouro que a tornará milionária, que é a Gratidão.

Como o herói perde o posto ao esquecer aqueles que o serviram e o fizeram chegar ao patamar de merecido reconhecimento, granjeado pelas vias do servir. A cada ação havia alguém sendo beneficiada. Gratidão é de todo dia porque todo dia recebemos, então para receber é preciso dar, embora nem sempre o jargão: "é dando que se recebe" seja cumprido ao pé da letra porque tem pobre dando o que não tem. Seja grato pelo que você é. Não passe outra imagem. Veja-se recebendo conforme o seu merecimento. Fazer mais é sempre bom, a lógica é que se recebe mais. Embora a natureza dê, simplesmente dê. É bom sempre lembrar: Gratidão não é um pedaço de coisa, mas é a essência pela qual as verdadeiras coisas são feitas.

Luz sobre o julgamento

As nuvens escuras prenunciavam raios e trovões. O pensamento desse dia conduziu-me a uma amizade verdadeira no sentimento do amigo Antonio Sobrinho, em Santana do Ipanema, nos anos setenta. Para homenagear aquela passagem de muitos aprendizados, escolhi Aishá Ariadna que o inspirou a colocar esse nome em sua filha. Eu pensei exatamente na sua filha, aqui onde o tempo não é mais tempo, onde respiro em um "presente contínuo".

Aishá Ariadna sentou-se à beira do lago e contemplou a margem do outro lado. Ela era somente a vida. A alma do universo, a mais pura essência no seio de sua própria consciência. Alguém a olhava na mesma posição. Apenas a água as separava, ou, talvez, os pensamentos.

Uma delas não podia, mas fazia o que nunca se quer, algo que está tão presente no mundo dos relacionamentos, o julgamento. As pessoas condenam, condenando-se. No depois, vêm cheias de arrependimentos.

Aishá Ariadna é a simplicidade com que a vida se faz presente. Não podia dimensionar o julgamento e o julgador, afinal ela era o que era. E como um raio trespassando esse universo de perfeição, abre-se uma pergunta, afinal quem condena e o que condena? E parece que no outro, sempre há erros, ou são os da própria pessoa que os projeta? O outro é apenas a tela?

Era uma pergunta. O pensamento impulsiona e deve motivar a falar da própria insatisfação! Ajuda a resolver as angústias que tanto adoecem as pessoas que se acham as melhores, sem o ser. Essa era a inspiração para aquela que buscava, sentada às margens do lago azul, a própria inspiração na alma do universo! A resposta foi justa. Levantou-se e atravessou o lago caminhando sobre as águas.

Nos momentos tempestuosos que a vida impõe dolorosas experiências, é preciso que a alma seja fortalecida em sua busca interior por Paz e Luz para ampliar a compreensão da realidade. Meditar às margens de um lago de águas azuis, em um bosque inundado pela luz do poderoso Sol, ou dos suaves e acolhedores raios do luar, pode ser uma alternativa divinamente valiosa. O meu espírito está aprendendo a repousar sobre essas águas. Vocês podem, também.

Venham comigo, eu tenho um horário que é divinamente sagrado, as dezoito horas, é a comunhão mais santa e inspiradora. Não só pelo nome Aishá Ariadna, mas pelo sentido interno que ele revela em nossa trajetória como seres humanos. Se o seu juiz interno vestir a toga é simples, deixe que ele fale, a razão do julgamento é do mundo em que ele se encontra, depois tudo é ilusão. Contemple as águas do lago, repouse sobre elas. Essa é Aishá Ariadna, tão pura quanto o coração da Divina Mãe.

A passagem para o positivo

Você quer que algo lhe aconteça de positivo, então me segue. A ideia desse pensamento não é conquistar seguidores, quem faz isso assume responsabilidades diretas sobre o outro que ele não pode resolver diretamente. O salvador é uma conquista pessoal. O caminho escolhido pode ser motivo para que outros decidam por onde vão caminhar.

Pense, simplesmente pense em uma coisa boa que você gostaria que acontecesse. Se você aceita a sugestão então acure o seu pensamento no objeto proposto. Se for motivo de ação e vida, aja. Eu parei e pensei no que gostaria de ver mudado em minha maneira de ser. Era diminuir minha irritação diante de situações contraditórias. Como a irritação é comum aos seres humanos e o universo conspira a favor de seus criadores, o pensamento pode ser seu também. Por que não?

Quando me contrariavam, eu rangia os dentes, dava murro na mesa, batia a porta com violência. E depois ficava muito triste com minhas atitudes. Nesse ponto da caminhada, eu tinha uma percepção tardia de arrependimento. Sabia que não estava certo, precisava conter o impulso por compreender a importância do outro em minha vida. Assim também pode ser com meus queridos leitores. Sabidamente podem mudar a sua realidade.

Relaxado, respire profundamente e visualize como será a sua vida daqui a cinco ou mais anos sem a influência da indisciplina! Esse é um ponto de decisão, vibrar na frequência limite, entre o estar confortável onde está, ou de seguir em frente. Use o que julga ser melhor que lhe torna mais produtivo.

Pense nos benefícios multiplicados, graças à sua decisão em fulminar um hábito prejudicial. Quero dizer, é possível mudar o que é danoso por um ato que valorize uma postura atenciosa, de valorização de si e do outro com quem convive.

Veja o futuro como se fosse agora! Certamente estamos vivendo o futuro, pois ele é resultado de nossas decisões. Qualquer mudança é possível na consciência de seu criador.

Use a imaginação!

"Mire as estrelas, mesmo que o resultado real possa ser tomar posse de uma mina preciosa na Lua"! Desfrute dessa autoridade e poder sem perder a simpatia!

Você deve repetir esse exercício tantas vezes quiser. Use-o para eliminar qualquer indisciplina ou preguiça (são amigas íntimas) que possa envolver o seu espírito!

E agora? As estrelas estão longe, mas nosso poder de imaginar e criar está aqui, em mim e em você. Ponha a mão em sua testa, olhe para o interior de seu cérebro, lá dentro, no núcleo, através da glândula pineal, o pequeno Sol, a Luz da eternidade, o Comandante das funções corporais, em cada célula, dentro e fora numa combinação majestosa de Amor e Poder, de Luz e Vida; uma capacidade infinita para fazer acontecer o que não se vê em coisas que se pode ver.

A volta dos que não foram

Falar desse pensamento parece irreal. O início desse diálogo pareceu-me uma reação à forma como o pensamento se construía. Era assim, insípido:

— Como? Você perdeu o juízo?

— Por que essa pergunta idiota? - Mas a teimosia de um pensamento é algo incontrolável quando ele quer que assim o seja. O diálogo é interno entre eles, o que não parece, leva jeito de contrariar. E o confuso parece tornar-se mais. Um quer o que outro parece não querer:

— Você vai ajustar o que se não foi ainda?

Nesse pensar incomum, o pensamento inicial é incisivo, por isso, e exatamente por isso.

Se você não foi, precisa tomar decisões para mudar o que fazia e não dava certo. Imagine por um instante e pergunte: o que não está dando certo em minha vida?

Pela ação, o pensamento é implacável. Decisões tomadas e ações não iniciadas. Isso desconstrói o pensar direcionado para o ponto da realização e o sonho esboroa-se.

Continue, porque o outro precisa ser convencido por si mesmo! O outro pensamento aderiu ao seu próprio conceito, ampliando-o trazendo a substância do que foi. Vejam o que representa a substância do que andou, foi em uma direção para fazer o que precisava, era a sua necessidade.

E decidiu! Mudou a vida! Foi porque quis. O desejo instalado havia surgido de um sonho.

Os que ficaram escolheram o improvável, mas acreditaram em algo possível. É sobre isto que quero que você reflita. Ficar nem sempre é o pior.

Vejam onde nos colocamos, isso é respeito por quem acredita. E não há dúvida. Triste daquele que leva a vida sem ter em que acreditar. Vai morrer no esquecimento e fracasso!

Um possível aparece, como querer, mas não aceita. A dúvida não mais inunda-se. A razão parece óbvia. O pensamento não começou para duvidar de si mesmo, insistiu em que afastasse a possibilidade, pois a certeza é o sim para a volta do que não foi.

A volta foi uma viagem imaginária. Ela não é nada, nem a fantasia, mas o sonho trouxe a realidade e a certeza de que o impossível é possível para uma crença em valores considerados sagrados, historicamente verdadeiros. É da natureza, o ponto zero e o um.

E não foi, e não voltou, mas foi e voltou em um tempo não humano. Gosto desse trocadilho que nos leva a refletir em um vazio de inexistências possíveis. No final, até o limite do pensamento se desgosta, então melhora para voltar triunfante, senão espero que vocês entendam que isso é uma brincadeira séria.

Querer não é mais poder

Bem, leitores queridos, leitoras amadas, a conversa de hoje discute uma fórmula de tantos usos inúteis que já produziu muitas frustrações, que é, "Querer é poder". Esse pensamento é uma provocação para mim, pois querer é uma parte da verdade. Poder envolve uma ação desbravadora, nunca é dado. Ele não existe por si mesmo, mas existe por quem o cria, toma e age para realizá-lo.

A vontade pelo poder precisa ser motivada de forma contínua, em função dos momentos decisivos para a sua realização. Compreender é preciso, sem sofismar a realidade, mas encarar cada momento de fazer por uma necessidade premente para o seu sucesso. Se não faz, as oportunidades se esvaem.

O querer é uma ilusão se não há disposição de usar a vontade para que a ação seja efetiva. O seu estado de presença no princípio da criação é o indicativo de que a ação é necessária. Então, não é preciso querer para ter poder. O poder para realizar está diretamente proporcional a ação empreendida, mais intenso ou menos intenso, você precisa ter certeza do resultado.

Avancemos, porém, ampliando nossa visão do poder pela vontade de agir. É o ânimo presente em nossos relacionamentos. Fazer o que deve por si e pelo outro sem protelações injustificadas, mas justificadas pela falta de um ânimo superior, de um propósito declarado que o elevará a outro patamar da existência a ser reconhecido positivamente por aqueles com quem convive.

Nesse ponto de nossa análise, o pensamento leva-me a uma pergunta que me pareceu descabida. Vejamos: Para onde você dirige o seu olhar? Esse olhar carrega os demais sentidos e ele vai até onde a consciência se encontra. E onde ela se encontra realmente? Em um mundo estranho? Distante e que desperta a ausência sugando sua alma, jogando-a no inferno da dúvida e do medo para motivar a separação daqueles que mais amam você? Nessa pergunta do pensamento, vi a razão para continuar, então vamos nessa!

O olhar enxerga quem realmente está com você, aquele que não faltará na hora que venha a precisar. Nesse ponto da nossa conversa o que julgava ser uma divagação do pensamento, estava carregado de elementos valiosos à compreensão do tema. O pensamento insiste em que é preciso fazer essa ponte para fortalecer o objetivo principal desse colóquio.

Tudo que você for fazer invoque em sua mente o que lhe é inerente. O verbo está associado ao poder da palavra. A palavra é o verbo, mas o Verbo Divino supera a limitação do humano e a transforma trazendo a essência do significado para se materializar no presente, onde a pessoa está e deseja e anseia e age e por isso é criador de seu mundo.

Esse é o verbo em João, esse é o verbo em Maria, esse é o verbo em nós, tão divino quanto o primeiro sopro que criou o homem e fez os universos. Resta-nos aprender a usá-lo melhor, mais consistente, consciente e positivo.

Qual é o seu melhor momento para criar? O que você pensa e deseja um pouquinho antes de dormir?

Lembre-se o verbo é mental e habita o seio da Consciência de onde tudo emana.

Esse pensamento, nesse dia de luz, revela o poder que podemos desenvolver ou despertar. A anestesia do passado pode não existir mais. Se você acordou, olhe para quem está com você. Crie o bem que seja bom para você e não só para você. O outro também é parte dormindo ou acordado. Amplie o que foi dito. Sirva.

O logos é uma palavra atraída pelo pensamento para dar amplitude a visão que podemos ter do assunto discutido. Essa palavra carrega a marca do significado daquilo que é ou está implícito. Está relacionada ao verbo que exterioriza o que foi imaginado. O logos é a marca do poder para imaginar. Naveguemos nas ondas de seu significado para melhor entendermos o todo dessa conversa.

Heráclito de Éfeso referia-se ao logos como o conjunto harmônico de leis que comanda o universo, formando uma inteligência cósmica onipresente que se plenifica no pensamento humano.

Nesse ponto da conversa, a substância para compreender é suficiente, assim, contemple o seu olhar no espelho e veja, e entre nessa sintonia do Logos Divino, este é o poder criador que carregamos, devemos usá-lo para criar o que há de melhor e mais positivo para o mundo em que habitamos.

Sobre o Ego e a fantasia

Nesse dia e início de tarde, a leitura do diálogo interno foi estremada para as realidades construídas. Sinto que não devo invadir esse colóquio para alterá-lo de alguma forma. O sentido e a construção original estão mantidos. Vejam:

— Tem uma coisa que quero perguntar, espero que você...

— Não faz circunlóquios, diz logo, afinal sempre respondi às suas perguntas.

— Fantasia existe mesmo?

— Você sabe como funciona o nosso ego?

— "Minha leitura é curta", você devia saber, assim nem perguntaria.

— Ah, desculpe! Eu não penso assim. O ego humano gosta de "fazer de conta" que a "fantasia" é real.

— Então, não é?

— Que nada! Ele tem mania, às vezes, obsessão de insistir que aquilo que quer fazer não é uma fantasia.

— Então, é aquela história do querer? Ah, eu quero isso, vou conseguir, você vai ver.

— Olha, você está adiantando as coisas, mas é por aí. A sua fé parece inabalável, embora o que ele deseja seja irreal.

— Ih, que confusão! Eu sou assim também?

— Agora você imagine a realidade, o mundo para todo mundo considerado real, passa a ajustar-se àquilo que alguém disciplinadamente quer que seja real. A loucura parece tomar conta. A injustificada ausência de conhecimento da realidade, a ignorância travestida de sapiência, leva a uma percepção de um mundo cheio de medos como justificativa de seu propósito.

— Agora você foi fundo. Não sei se é possível compreender tudo, me parece assustador.

— Isso mesmo! É assustador! A pessoa passa a alimentar uma realidade que não se sustenta, entretanto, o ego vai insistir com o seu poder de vontade direcionado para aquilo que ele quer seja mantido.

— O que é que é isso? Você está dizendo que o ego pode impor um mundo falso à sua realidade?

— É assim mesmo, por isso o pecado existe porque ele é a principal fonte da existência da "fantasia". A ignorância apresentando-se como o suprassumo do conhecimento e a desarmonia toma conta e isso é o pecado.

— Eu estou pasmo, mas tenho que concordar com você. Assim, muita coisa como está aí, pode muito bem ser explicada.

Creio que esses pensamentos se bastam, o resto é por sua conta, caro leitor. Assim tudo passou. Lados são bandas do que nem sempre está revelado. É sempre valioso olhar para si e ver onde está. Qual o lado, qual a banda? É sempre de bom alvitre prestar atenção ao todo.

Oração ao Sol

O pensamento convidou-me para um especial no dia de hoje. Ótimo para alentar o espírito e lubrificar a alma com o que já foi feito. Esse pensamento tem uma direção precisa. Não é, apenas, por ser hoje mais um dia porque, em que pese tudo se repetir em uma aparência contínua, esse dia não se repete, então ele não é apenas mais um dia.

E não é mais um dia, pois tudo pode acontecer. "Ser ou não ser" é a questão! Os indecisos protelam, permanecem na tumba e, quando renascem, são mortos-vivos. Não decidem, não assumem o que são, preferem seguir os que decidem por eles.

Ressuscitar todo dia é possível. Você precisa buscar essa força, para que até três horas depois do acordar, o novo homem surja para inspirar o bem, para que outros acordem e saiam da letargia social.

Para isso, você precisa aprender a conversar com o Sol antes de adormecer. Eu digo o Sol porque é mais fácil vê-lo em sua mente. Entregue suas mazelas a Ele e converse sobre as soluções. Adormeça nesse bate-papo. Você dorme, mas o seu Sol não dorme. No outro dia, cuide bem do seu corpo, ele é o depositário dessa Luz maravilhosa. Reconheça-a, seu mundo será iluminado.

Essa é uma conversa frutuosa para quem quer conquistar a alegria de ser um realizado, não pelo dinheiro que ganha, mas pela certeza do que é, em sua natureza mais íntima e secreta. O método ensinado é simples e sem as sofisticações dos rituais, depende apenas de sua imaginação. Enquanto você dorme, você vai estar com a Luz de um poderoso Sol, que vai interagir com sua mente e espírito conforme seus desejos e aspirações.

Para os que carregam um sentimento de religiosidade cristã, têm a oportunidade de aproximar-se ainda mais de sua fé:

"O Sol é também considerado um símbolo de Cristo na medida em que os seus raios representam os seus apóstolos e pelo fato de refletir esperança, é um dos símbolos cristãos da ressurreição".

Aqui, entretanto, queremos ver as coisas de forma natural, como olhamos todos os dias para o astro Rei iluminando toda a terra e o acompanhamos desde o alvorecer. Ativamos o nosso dia, trabalhamos, ganhamos o pão que alimenta nossos corpos, tudo motivado por sua luz que traz a vida e a mantém incólume. Nada mais justo lembrar, à noite, no momento que está prestes a adormecer, dessa força maravilhosa, mesmo que seja apenas para expressar gratidão.

Por que você está com quem está?

Esse título é o subtítulo do livro dois da trilogia Mentes Conectadas desse autor. Apesar disso, não foi diretamente a razão para esse diálogo, embora devemos compreender que essas relações são inevitáveis no campo finito-infinito da consciência. Vejamos então como foi:

Por que estamos com quem estamos? Mas, por que a pergunta? Pense na pessoa que você menos quer por perto, mas incrivelmente, ela não larga o seu "pé". E você insiste em afastá-la, mas ela não desiste. E você olha para um, olha para o outro e percebe que aquela pessoa faz parte das suas experiências de vida. Cada conflito representa um aprendizado.

Percebe-se, naturalmente, que tudo tem um começo.

E essa verdade é sempre carregada de memórias, cujas origens nem sempre são detectáveis. Você entra no começo, mas não sabe quando começou. Tudo vem desde um tempo que não se sabe precisar. Não é possível enxergar o que faz você atrair pessoas para o seu convívio, sempre de um mesmo padrão, ou seja, com gostos e hábitos parecidos.

É o que não se percebe que precisa ser notado. Uma visão transparente da realidade não existe. A clareza mental é simbiótica. Não se enxerga bem, se não se enxergar como o invisível está agindo dentro de você e como ele interage com os demais ao seu redor.

Nesse ponto de nossa conversa uma questão ficou evidente: As pessoas que vêm a mim, vêm porque eu as atraio?

É óbvio que isso é um jogo de cartas embaralhadas em muitas ações sucessivas e projetadas para o mundo. Você não consegue reconhecer a carta que sugere para o outro, mas o outro percebe se vai dar para ele ou não.

Essa relação de análises impõe outras questões como: Quem vem a mim é carta marcada no jogo que eu embaralhei? Podia ser qualquer carta, você não acha?

A resposta vem com a naturalidade de sempre: Não, não acho. A carta está marcada pelo desejo repetido. Ele é tão presente que você não identifica o efeito quando ele se materializa.

Assim, há a intervenção de um raciocínio: Então, quem está comigo vem para provocar-me. Forçar a barra para ser percebido. Meus desejos e pensamentos predadores de um mundo irreal, contudo, idealmente perfeitos, vão estar presentes integralmente desencadeando uma busca incansável da pessoa por reconhecer a si e ao outro em um jogo mútuo por relacionamentos mais harmoniosos.

A confirmação desse ponto era inevitável. Quando se atira pedras, alguém vai ser atingido. O que segue o raciocínio do pensar na mesma direção para confirmar ampliando o que foi dito.

Essa é uma atividade mútua que tem uma origem com um objetivo! A lei é simples, é causa geradora da ação e efeito que pode gerar inúmeras outras causas. Nesse patamar de nosso colóquio, houve silêncio e a história humana começou a desfilar em seu multicolorido de ações diversas.

Olhar para o outro

Agora o pensamento impõe uma reflexão difícil porque envolve aceitar mazelas que são do outro ou de uma sociedade que não faço parte diretamente. E diz, sem uma receita prévia, quem carrega a agenda e marca compromissos em busca de realizar o que acredita ser parte de seu sucesso, é a própria pessoa deixando-me curioso. Vamos lá, então?

Olhar para o outro é olhar para si mesmo. Consciência de si é algo difícil, mas necessário. É um aprendizado contínuo.

Novamente o questionador surge. Então, por que olhar para o outro é olhar para si mesmo?

Veja bem, quando você olha para o outro, você tem uma sensação qualquer. A sensação é sua, não é do outro. Veja como você fala a seu respeito. Esse sentir que estou brincando ou zombando de você é o que mesmo? O seu olhar de chateação revelado claramente por sua expressão, explica? São reações que confirmam o que pensamos.

Para mim, está claro. Tenho que me esforçar para que você possa entender. Pessoalmente, está tudo bem, mas para você não está. Então, olha para mim e eu olho para você. O que somos realmente?

Vejo no que você disse, senti de um jeito e esse jeito de sentir, certo ou errado, sou eu mesmo. Para mim já está de bom tamanho.

Pronto, conseguimos. Se a pessoa olhar para o outro e sentir o impulso para falar das ações do outro, de certo ou de errado, deve parar um instantinho e olhar para os seus sentimentos, desejos e vontades secretas, será que não são exatamente parecidas? Por isso, ao olhar para as pessoas, procuro ver o melhor delas, como Deus as criou, lindas, iluminadas como o próprio Criador. O contrário é chamar Deus de mentiroso.

Para refletir sobre isso apenas olhe para o que você é, veja a luz que você carrega, inteligência da vida que faz você existir e se expressar como é. Quando olhar para o outro sinta essa luz, que é sua, nele também. Se for a melhor luz, ele também será melhor.

No dia-a-dia somos levados a fazer análise das ações do outro, não pelo que o outro é em essência, mas pela expressão do momento, pela experiência ou pelo que imaginamos ser, para ter essa consciência de que é possível tomar para si o que é do outro olhando pelo lado mais positivo da grandeza humana e da superação no que incomoda.

A natureza do Ser

O que é natural está cheio de suas próprias marcas que indicam a qualidade original do que se é. Implicitamente a ideia é considerar a capacidade de criar inerente a todo o ser humano.

Criar é ser.

Ser é criar.

Eu sou o que crio, ou o que o outro criou e aceitei! São pensamentos tão óbvios que desnecessita incitar o objeto do poder criador no leitor que está sendo estimulado por essas palavras a entender o que Madame Blavastky disse no século dezenove: "Somos Deuses e nos esquecemos disso".

O outro é um ser do qual sou parte. Aqui é o reconhecimento de que o outro tem as mesmas qualidades do ser criador nele. A diferença está na qualidade da criação de cada um. O que me faz lembrar a saudação dos yogis: Namastê, cuja tradução é "o Deus que está em mim, saúda o Deus que está em você". Esse olhar sobre o outro é o reconhecimento de um Deus onipresente, onisciente e onipotente ampliando a consciência de seu universo criado.

Nesses pensamentos de hoje, de certa forma, continuamos com os do dia anterior. A reflexão persiste sobre o que somos, sem excluir o outro. Somos colocados em uma consciência que se amplia para incluir e essa inclusão começa em nosso campo mental, do que se é e da aceitação da nossa humanidade, em relação às outras pessoas. Como seres humanos precisamos compreender que o mais importante é o aprendizado do relacionamento, que exige uma boa comunicação, que o outro tem necessidades como todos os seres nessa faixa.

Viver é compartilhar

Fiquei refletindo sobre esse tema, pela grandeza e síntese imposta por esse diálogo, até certo ponto, magro. E insisti no que podia ser mais. A resposta já estava cravada na aspiração do pensamento em revelar-se: Viver com alguém não é desfrute é compartilhamento.

A princípio parece um pensamento que alcança uma ideia tão velha quanto a velhice da própria humanidade. E o outro questiona, como é possível saber da antiguidade assim tão declarada desse princípio.

Um reforço é sempre bom, é uma luz a mais para os que estão na busca e precisam de um avivar em suas consciências e trazem em suas memórias, essa ideia.

As duas palavras, chaves desse pensamento, são "desfrute e compartilhamento".

No sentido prontamente real do que se quer dizer, "desfrute" é aproveitar, é usufruir. Imagina uma relação entre duas pessoas que "se amam" com essas intenções lado a lado, rapidamente a relação se desgasta e tende cada um seguir por caminhos diferentes ou permanecer fingindo que está tudo bem.

Na segunda palavra, "compartilhamento", sua aplicação é tão ampla, pois é motivada continuamente pela busca de viver relacionamentos mais harmoniosos. Seu significado é dividir, o melhor ou o pior, passa a fazer parte da vida um do outro. Isso é troca, é partilha, é participação.

O sentido está posto. O pensamento está calmo. A vida é ação contínua. Nós devemos seguir o fluxo do rio até a foz para entregar-se sem reservas ao grande Oceano.

Quando não gostamos

Na conversa de hoje o pensamento insiste em três ideias apenas referenciadas nos comentários que fiz, dias depois. Vejamos:

Quando não gostamos, temos algo para dividir.

Nesse primeiro pensamento, a ideia é fazer uma referência ao que diz não gostar de algo e não consegue revelar-se no que quer realmente.

Projeta insatisfação para o que gostaria de fazer porque vê que o outro de alguma forma faz. É uma boa reflexão no sentido de que é possível despertar para se fazer o que se quer a partir do que causa desgosto.

Aquele que reage, pode revelar o seu melhor e é isso que devemos estimular. Existimos para que o outro também exista.

O segundo pensamento traz uma reflexão sobre a própria existência. Assumir a responsabilidade de existir pelo outro, nem todos conseguem compreender isso, entretanto a vida não existiria sem reciprocidade, ela dá tudo, mas em sua expressão no campo da consciência o que vai, precisa vir, o que dá, vai receber e o que recebe precisa de alguma forma retribuir. Em tudo, é assim que a lei funciona.

Vivo pelos que me amam e porque também os amo. No terceiro pensamento, ressaltamos a consciência daquele que recebeu a importância de quem está direta ou indiretamente ligado ao seu mundo e entende que recebe e, por receber, amplia os seus esforços para servir melhor aos que com ele convive. Isso impõe em fazer mais, para fazer melhor a cada dia.

Movimento é vida

O movimento é instrumento da vida.

Para onde estamos indo?

Esse é um pensamento inserido dentro de tantos outros nos quais mergulho nessa aventura incomparável de viver. Para muitos ele pode ser apenas interessante! Para outros o nascer de novas possibilidades, o renascer em outras formas que se alteram contínua e indefinidamente preparando mundos onde possa a consciência expressar a sua beleza e poder para criar a si mesma, destruir-se e reconstruir-se sempre no mesmo patamar de contínuo ir e vir.

Vejamos sem delongar o que já cobra a expressão do revelar-se no espírito mais interno da palavra.

Move-te! Todo dia nos movimentamos no sentido de fazer algo, quer nos agrade ou não. Esse movimento nos leva sempre na direção do que queremos. Seria o sentido natural que vamos sempre em busca de algum interesse daquilo que nos motiva encontrar e resolver.

Desloca-te! Contemplamos o objeto de nossa conquista e o instigador interno, tão presente em consciência que nos faz vivos, não demora a indicar que é preciso continuar. Parado é assaltar a convivência inteligente da realização.

Anda! Vai! O que fizemos não é suficiente. É preciso mais. O objeto da busca se encontra onde o pensamento está pronto para abrir a porta. É lá fora que o jogo continua.

Se você descobriu isso que acabamos de falar, sua vida pode ter se tornado mais dinâmica, espero que esteja alinhada a um motivo que seja grande, que eleve indicando que você sabe para onde está indo, sem a abstração ilusória do que não é real.

Coloque-se em posição, preste atenção ao movimento de sua respiração. Agora use sua vontade. Faça uma respiração profunda. Puxe o ar com intensidade preenchendo toda a cavidade pulmonar. Retenha e segure por sete segundos, faz bem.

Volte a respirar, sinta o ar penetrando suas narinas indo cumprir sua missão a partir dos pulmões para levar vida a todas as células.

Esse é um exemplo da consciência do movimento, da vida implícita, é mover, deslocar, conduzir o que usa uma força para mudar um objeto de lugar. O sentido do movimento é dar vida e nos conduzir para realizar algo. Uma consciência própria de uma vontade que nos é inerente que devemos usá-la de forma contínua, é a energia impossível de ser descrita em sua plenitude.

No para onde está indo, resulta em uma definição de um querer ser ou conquistar algo. Um propósito, um objetivo, uma meta. Não deixe a vida lhe levar, pois ela é como o rio que conduz sempre para o mar, mas qual é o ponto da praia que você quer chegar para mergulhar no Grande Oceano? Com sol, com chuva ou escuridão?

Defina, decida, siga, viva! Seja feliz!

Quem se importa com você?

Essa é uma pergunta difícil de ser respondida, se você pensar em alguém. E sempre vamos pensar que alguém se importa conosco.

Importar ou não, preste atenção ao sentido de causalidade, isto é, de que você é causa. Reconhecer que tem algum valor para você mesmo, o quanto você representa, procure sentir que você carrega um tesouro. Não se ocupe do outro, se você é motivo de riqueza e prosperidade, o retorno está garantido.

Sabe por quê? Ora, é difícil conceber, mas, se você apontar para alguém, o tamanho do apontador será o seu. E é evidente, o fundamento do julgamento não é do outro. E se não for o que você está pensando e simplesmente você acreditar, então, é possível que você se decepcione.

Reflita agora sobre o seu valor. Responda, qual é o seu principal valor?

Evite o achismo, isso só indicaria que você continua esperando que o outro lhe dê valor. É você que precisa encontrar o seu principal valor.

Definido o seu valor, reconhecida a sua prosperidade conforme dissemos acima, então você avançará com segurança para ser reconhecido. Na minha ignorância, lá em um ponto do meu passado, eu costumava dizer para mim mesmo, "vou mostrar que eu posso, que eu sou importante". Depois vi que não precisava mostrar nada, mas já estava tudo feito. As pessoas viam, respeitavam, obedeciam. Foi assim.

No que acabamos de falar como parte do tesouro reconhecido, o valor e importância do outro. Sem isso não há reconhecimento. Compreenda a sua importância e procure trabalhar para que outras pessoas comecem a ver o quanto são importantes, consequentemente, vão se importar com você. Isso é uma troca contínua, é parte da lei da vida.

Nós somos importantes quando realizamos pelo outro o que gostaríamos que realizassem por nós. Isso é lei da vida. Então responda com todo fervor a pergunta:

Qual é o seu principal valor?

Valor dado pelo outro deve ser bem recebido, se for recheado de gratidão, a pessoa nunca o perderá.

A Benção

O pensamento desse dia foi insistente. Inegavelmente um espetáculo de renascimento de uma prática, ainda atual para muitos, tão valiosa para a expressão de vida de quem a pratica com a certeza em seu coração das conexões estabelecidas desde seus antepassados. A bênção. Vejamos um pouco mais com nossos sentimentos mais puros, sem as análises e interpretações de nossos egos que costumam julgar pelo que não são, desse momento especial.

O que é a bênção? Qual é o seu valor para a nossa vida?

Segundo o dicionário, a bênção é voto de felicidade e proteção divina formulado em favor de alguém.

Não sei se você já viveu a experiência de pedir a bênção ao pai ou à mãe e prestou atenção na sua sensação quando dá resposta: "Deus te abençoe"! "Deus te faça feliz"! E outras frases com sentido semelhante.

Sentir-se abençoado é sentir essa dádiva em seu coração. O hábito de pedir a bênção pode está meio esquecido por aí, mas para aquele que compreende o seu valor, ele jamais será esquecido.

Peça a bênção a seus pais. Use esse mantra sagrado para abençoar os seus filhos. Leve-os a compreender a importância desse hábito. Independentemente de sua religião aprenda a invocar a força criadora de todo o Universo para o bem e a felicidade dos seus. Não subestime, nem deprecie esse hábito, ele tem um valor que não pode ser mensurado. Primeiro, para quem pede, e segundo para quem dá a bênção, aquele que pronuncia a fórmula sagrada: "Deus te abençoe". É remeter sua consciência para o infinito poder Divino, conectando ao infinito poder daquele que recebe. Estabelece-se um perfeito triângulo: Quem pede, quem dá e a autoridade concedente.

Pedir com o coração é ser abençoado duas vezes.

Seja abençoado!

Deus te abençoe!

Sobre o Autor

Oliveiros Nunes é Professor, Escritor e Poeta; autor de livros de ficção, crônicas e poesias. Sua participação em várias organizações culturais, fraternais e educacionais levou-o a uma percepção mais ampla de si mesmo e a tornar-se um ardoroso defensor de uma ampla consciência de humanidade, motivadora da comunhão com mentes afins. Em sua trilogia, "Mentes Conectadas", apresenta a experiência de muitas vidas, em histórias emocionantes. Em "Mentes Conectadas", conta histórias que se entrelaçam, cheias de emoções, romance e ficção. Pai de dois filhos, Oliveiros mora em Arapiraca, importante centro cultural educacional e econômico de Alagoas, onde se dedica a escrever seus livros. "Da Luz ao Amor" é o seu quarto-livro

Contatos pelo e-mail:
oliveirosnunes@gmail.com

casadoescritor.com

www.ingramcontent.com/pod-product-compliance
Lightning Source LLC
LaVergne TN
LVHW050314160826
845677LV00014B/3379

* 9 7 8 6 5 0 0 4 5 6 8 5 1 *